ADHDと
自閉症スペクトラムの
自分が
みつけた
未来

親子でふり返った
誕生から就職まで

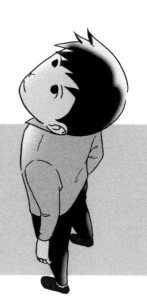

堀内 拓人 ＋ 堀内 祐子 著

JINAN ＋ HAHA

イラスト …… 斉藤 百合子

はじめに

　1冊目の本「発達障害の子とハッピーに暮らすヒント」の中で、次男のことを少し書いています。

　実はもっとたくさん書いていたのですが、その当時中学生だった次男はその原稿をすべて読み、半分以上のエピソードを載せないでほしいと言いました。正直、とても残念な気持ちがありましたが、本人の意思を尊重することを大切にしてきましたので、次男の言う通りにしました。

　2冊目の本「発達障害の子が働くおとなになるヒント」のときは、次男は絶対に何ひとつ載せないでほしいと言いました。たった一言「次男は春から大学生になります」と書かせてもらうのに、たくさんの時間がかかりました。

　そして、3冊目のこの本は次男自らが書きました。1冊目で載せないでほしいと言った内容も含まれています。次男がとても大切に思っていたことを、自分のことばでしっかり書いています。

　この本は、次男の誕生から就職までのことを、親の目線と子どもの視点の両方から書いています。

　この本が、みなさまの子育ての色々な場面でヒントとなり、お役に立つことができたら嬉しく思います。

2019年2月　堀内 祐子

はじめに

　ADHD、自閉症スペクトラム、このふたつが自分のもっている発達障害の診断名です。

　受診をしたのは小学2年生のころで、正直に言うと受診したときのことは覚えていません、どうでも良かったからです。

　それが何を意味するのかということにも関心はなかったですし、もし丁寧に教えられていたとしても、難しくて理解できなかったと思います。とにかく、幼いころの自分には、それは自分の人生において何の影響もなく関係のない出来事だったのです。

　しかし、そんな自分も2019年現在、24歳になり、これまでの出来事をふり返ってみると、なんてこの障害と共に人生を歩んできたことでしょうか。「人生において何の影響もなく」というのは間違いでした。それほどまでに発達障害は、自分自身と密接にかかわっているのです。

　さて、「発達障害に対してあなたはどのようにとらえていますか？」と質問すると、どんな答えがあるでしょうか、今まで自分が聞いてきた話を抜粋すると、「個性・付属品・能力のバランスがかけ離れているもの・昔の偉人がもっていたもの」等々と人によってとらえ方が千差万別なものでした。

そして、この質問に対する自分自身の答えは、「自分では変えられないいくつかの要素があるもの」です。

　今からここで記していくことは、発達障害の方を代弁しているものではありません。この「変えられない要素」をもった人間が、どのようにそれと向き合っていくかという軌跡です。
　そう、決して克服できたわけではなく、ただ向き合い方をみつけただけ。一言で表すのであればそれだけなのですが、そこに自分の24年生きてきた積み重ねが詰まっています。

　これを読んだあなたが最後に、自分が送れるありったけのメッセージを感じていただけたら、それを心から幸せに思います。

2019年2月　堀内 拓人

ADHDと自閉症スペクトラムの自分がみつけた未来・もくじ

はじめに　堀内祐子 … 3　　はじめに　堀内拓人 … 4

1部　24年の軌跡

1章　誕生から小学校
① 多動－誕生（母）● ベストコンディションにもっていくため（次男）… 10
② 診断・通級－小学校（母）● 通級と学校とのバランス（次男）… 16
③ 宿題－小学校（母）● 宿題から逃げてきた（次男）… 22
● コラム　穏やかでやさしい空気 … 24

2章　中学
④ 不登校－中学校（母）● きっかけと要素の解消（次男）… 26
● コラム　不登校は温かな記憶へと … 36

3章　高校
⑤ 転機となった高校時代（次男）● 道はたくさんある（母）… 38
● コラム　「ふつうの子を育てたい」… 44

4章　大学
⑥ 一番楽しかった大学時代（次男）● 試行錯誤の大学生活（母）… 46
● コラム　すばらしい出会いが … 60

5章　就活
⑦ 自分の心はなんと言っているか（次男）… 62
　インターンシップでは（母）
● コラム　そろそろ子育ても終わり … 69

○ 1部 コラム　逃げ癖（次男）… 70　母の声を頼りに（母）… 73

2部 11の解きあかし

6章 自分の世界
① 同じ行動をくり返す世界（次男）● 小さなこだわり（母）… 76
② 物語の世界（次男）● 物語から育った思考力（母）… 80
③ ゴロゴロの世界（次男）● じゃまぜずにいて良かった（母）… 84
● コラム　私の世界 … 88

7章 気になる行動のわけ
④ 無言（次男）● 無言からの脱却（母）… 90
⑤ 目が合わない（次男）● 自然に目を見て（母）… 94
⑥ 何を考えているのかわからない（次男）● 食卓で話すこと（母）… 98
● コラム　私の気になる行動 … 102

8章 わかっているけどやめられない
⑦ ギリギリの行動（次男）● タイマーの威力（母）… 104
⑧ 承認欲求（次男）● 自分の一番を探せ（母）… 108
⑨ 頑固（次男）● ひとつの考えとして受け止めるように（母）… 112
● コラム　私のやめられないこと … 116

9章 家族のこと
⑩ 家族とのかかわり（次男）● 家族のゲームで培われたもの（母）… 118
⑪ きょうだい（次男）● 長男の存在（母）… 122
● コラム　私の家族 … 127

○ 2部 コラム　自分の未来を信じて（次男）… 128
　　　　　　子どもの未来を信じて（母）… 131

終章　発達障害の自分が未来をみつけるまで … 134

責任転嫁〜あとがきに代えて　堀内拓人 … 144　　あとがき　堀内祐子 … 148

1部

24年の軌跡

1章 誕生から小学校
2章 中学
3章 高校
4章 大学
5章 就活

1章

誕生から小学校

幼いころの次男を一言で言い表すならば、「元気でわんぱくな手のかかる子」でした。
ジッとしていることはほとんどなく、目を離すといなくなっているという感じです。
そんな次男の誕生から、小学校時代までのエピソード。そして、そのときに感じた思い、また、現在の次男が当時をふり返って考えていたことを書いていきます。

1

多動 — 誕生

● 次男誕生

　次男は、1994年の7月に京都で誕生しました。長男は、本当によく寝る赤ん坊でしたが、それに比べて次男は新生児のうちからあまり寝ない子でした。新生児であれば、1日の大半は寝ていると思いますが、驚いたことに、次男は日中寝ないのです。

　それならば、夜は早く寝るだろうと思うのですが、次男の眠る時間は毎日夜中の12時過ぎでした。そのときは夏だったので、寝ない次男を抱っこしながら外を散歩したものです。そうやってなんとか寝かせていました。

● 4カ月でハイハイ　7カ月で歩き始めた

　そして、生後1カ月で寝返りを打ち、4カ月でハイハイし、7カ月で歩き始めました。顔はまだまだ赤ちゃんなのに、ベビードレスを着て外を歩く姿はある意味異様な感じでした。

　そんなふうでしたから、次男の多動はかなり早くから始まりました。4人の子どもの中で次男の多動はダントツです。ちなみに、その多動ぶりは長男とは比べものになりません。

　色々な対策をしましたが、それでも次男はたくさんの事故にあいま

した。家の2階から外へ落下、遊園地の吊り橋から落下、滑り台から落下、交通事故も2回あっています。

　命にかかわるような事故に何回もあいながら、その度にかすり傷程度の次男を見て、「きっとこの子は将来何か役割があって、生かされたのだろう」といつも思っていました。

● 大変だけど、やさしいことばをかけてくれる子

　それに加えて、出かければたいがい迷子になるのです。いつも行っているスーパーなら、落ち着いて探しますが、たまにしか行かないデパートなどで迷子になると、私は半泣きで探しました。

　3歳くらいになると、そこにいたずらが加わります。何度叱ってもくり返しました。しかし、本人はニコニコといつも楽しそうでした。

　ところが大変なことばかりではなく、3歳くらいになると私が元気のないときなどに「ママ、いつもおいしいご飯を作ってくれてありがとう、お洗濯してくれてありがとう」と、やさしいことばをかけてくれるような子でした。

● お試し幼稚園に

　幼稚園は、4歳から行きました。近所の仲良しのお友だちと同じ幼稚園に通うことにしたのです。お試しで行った幼稚園では、周りの子はみんな喜んで先生の紙芝居を見たりするのですが、次男だけは私から離れませんでした。

　3歳ごろに行っていた幼児教室でも、次男は、みんなの輪に加わろうとしなかったので、私は、無理やり行かせようとはしませんでした。そのため、次男だけお母さんたちの集まりの中にいました。

　ところが、3回目のときに自分からみんなのところに行くと言って、私からやっと離れました。たぶん、みんなのところに行ってみたい気持ちがあったのだと思いますが、そこがどんな場所なのか、安心できる場所からしばらく見ていたのだと思います。

　行ってみると思いのほか楽しかったようで、満足そうに帰ってきました。

● 「ボクはじぇったいに行かない」

　しかし家ではなぜか、「ボクはじぇったいに幼稚園に行かないからね」と言っていました。それでも、幼稚園の制服を作りに行くときに声をかけると「一緒に行く」と言ってついてきました。たぶん、近所のお友だちもみんな制服を作りに行くので、行ってみるかと思ったのだと思います。

　幼稚園の入園式のときも、「じぇったいに行かない」と言いながらも、みんなと一緒に入園式に参加しました。帰りに入園のお祝いでレストランで食事をすると、とてもうれしそうな笑顔で、「明日から幼稚園

に行くことにした」と言いました。それからは、登園を渋ることはまったくありませんでした。

今思えば、幼稚園がどんなところなのか不安があり、大丈夫と思うまで時間をかけて観察していたのだと思います。

● 「毎日、お仕事が大変なの」

入園した幼稚園は、音楽に力を入れている幼稚園だったので、毎日ピアニカの練習がありました。それがきつかったらしく、「毎日、お仕事が大変なの」と言っていました。どうやらピアニカの練習は、次男にとって大変なお仕事だったようです。

ある日、参観日で幼稚園に行ってみると、次男はひとりだけ床にゴロゴロしていました。帰ってから次男に聞いてみると、「お母さんたちの匂いが嫌だった」と答えました。お母さんたちの香水やお化粧の匂いが嫌だったのだと思います。

そのときは発達障害であることはわかっていませんでしたが、そのころから感覚過敏はあったのだと思います。

おとなになってそのときのことをふり返り、「あの匂いは、身の置きどころがないほど辛かった」と言っていました。

ベストコンディションにもっていくため

● なぜ、多動なのか

　母が書いているエピソードを、「どこまで覚えているか」と言われると、正直あまり覚えていません。ですから、「どうしてそんな行動をとっていたのか」と聞かれても、答えようがないです。しかし、もしかしたらこれにはADHDがかかわっているのかもしれません。

　自分がもっているADHDという発達障害、その特徴のひとつとして多動と呼ばれるものがあります。一般的に多動と言うと、「落ち着きがない」「衝動的に動く」などといったイメージをもたれることが多いのではないでしょうか。また、これらの行動を言い換え「行動力がある」「エネルギッシュな人物」と、ADHDのもつ多動は決してデメリットだけではなく、メリットも確かに存在しているという主張を耳にすることもあります。

　このように、多動という行動に関して着目していくと、様々な面があるというのは非常に面白いです。

　ではここで、「なぜ多動となる行動をとってしまうのか？」と質問を投げかけられるのであれば、自分は「体をベストコンディションにもっていくため」と言うでしょう。

　この、「ベストコンディション」とはどういった状態かというと、

それは思考がさえて、雑念や周囲に気を散らすことなく集中でき落ち着くというものです。「落ち着きがない」とは言われるものの、心の中は落ち着いているというのは奇妙な話ではありますが、自分なりにこのことについて書いていきます。

　一般的に体というものは「静止している状態がニュートラル」で、「理由が生まれたときにはじめて動かす」と自分は考えています。しかしながら、自分にとって「体を動かさないのがニュートラル」という概念はありません。むしろ、逆に「体を動かしているのが正常な状態」なのです。そして、体を動かすことができたときに「意識できる部分を行いたい作業にのみ当てることができる」、というのが自分の体験を通しての結論です。

　まず、体を動かさない状態にあったとき、自分は「体を動かしたい」という欲求が生まれます。座り心地が悪いのを直す感覚に似ているのではないでしょうか。そうなると、意識はその居心地の悪さを常に抱える状態となり、本来集中したい作業に意識を向けられないのです。

　しかし、体を動かすことができる環境にあったときには、意識を完全に集中したいものにのみ向けることができるのです。

　そこで自分は、周りに迷惑のかからない「体を動かす行為」を模索し、「座っているときには音がしないないように足を揺らす」、といった行動をとっています。

　これにより、自分はよほど厳かな場で動くことが許されないという環境でもない限り、体を動かすことを通して、ベストコンディションにもっていくことができるようになったのです。

2

診断・通級 — 小学校

● 診断を受けて通級へ

長男が発達障害の診断を受けたのは小学校5年生のときでした。そのとき、次男は2年生です。長男が診断を受けた時点で、私は次男にも三男にも発達障害があるのではないかと思っていました。

そして、次男も検査を受け、長男と同じ自閉症スペクトラムとADHDがあることがわかりました。

さっそく、通級指導教室に通うことを提案し見学や体験に行きました。その結果、次男は自分で行くことに決めて、通級を楽しそうに続けていました。

● 次男の作品がない！

通級に通うことによって、たった1回しかない図工の授業に、次男は出ることができなくなりました。

その年は作品展があり、図工の時間に作った作品を出すことになっていました。当然、次男は在籍校の図工に出られないので、みんなと同じ作品を作ることができません。そこで、私は担任の先生と図工の専科の先生にご相談し、次男は通級で作った花台を提出することになりました。

作品展に次男の作品を観に行くと、次男の花台がありません。みんなは恐竜を作っていました。私は、一生懸命探してやっと花台をみつけました。

　なんと、他の子が作った恐竜の下に花台はありました。恐竜が大きいため、花台はほとんど見えません。それを見て、なんで次男の作品が隠れるように飾ってあるのかと腹が立ちました。そして、それを見た次男はどう思っただろうと気がかりでした。

● 校長室で3人でお話しすることに

　帰ってから次男にそのことを尋ねると、次男は元気なく答えました。「先生に何回もお願いしたんだ。恐竜をどけてくださいって、でも、だめですって言って、どけてくれなかった」。次男は不器用ですが、その花台は上手にできていました。

　連絡帳にそのことで先生とお話ししたい旨を書きました。その返事は、「校長室で校長と図工の専科の先生と私で待っています」というものでした。それを見た私は喜びました。どうせならいっぺんにお話しできた方がありがたいと思ったのです。

しかし、その反面、「わかってくださるだろうか」という思いもありました。通級の先生に相談すると先生は、「お母さん、頑張ってお話ししていらっしゃい。どうしてもわかってもらえなかったら、そのときは私が話しに行くから……」と言ってくださいました。

● 心強い通級の先生の存在

　そのことばで安心して、私はひとりで話しに行きました。1時間半かかりましたが、先生方はわかってくださり、謝ってくださいました。「でも、私に謝るのではなく、息子に謝ってくださいますか？」と言いました。翌日、登校した次男に専科の先生も担任の先生も謝ってくださったそうです。

　このように、困ったときや、どうしたら良いか迷うときに、通級の先生はいつも相談に乗ってくださり、背中を押してくださいました。

● 診断を、次男には特に伝えなかった

　次男が発達障害と診断されても、私は本人には伝えていませんでした。長男は、「手や足が勝手に動いちゃう。嫌なことを口が勝手に言っちゃう」というようなことを言っていました。つまり、本人もそういうところで困っていたのです。

　そのため、診断後、私は長男には発達障害について伝えました。しかし、次男は特に困った様子もなかったので伝えることはありませんでした。

　通級指導教室には通っていましたが、「苦手なところを助けてくれるところ」という説明をしていました。

● 自分で色々なことを感じて

　次男が中学3年生になったとき、私は高山恵子さんが書いた「おっちょこちょいにつけるクスリ」（ぶどう社）という本を読んでいました。ADHDについて書かれた本でした。

　テーブルに置かれていたその本を次男は読んだようです。そして、言いました。「ここに書かれている高山恵子さんのご経験と私の経験は重なります。私はADHDなのでしょうか？」

　「そうだよ。アスペルガーにADHDがかぶっているよ。でもアスペルガーやADHDの人がいたおかげで、この世の中は発展してきた。だから必要な人たちなんだよ」というようなことを答えました。

通級と学校とのバランス

● 診　断

　自分は、小学2年生のときに診断を受けたらしいのですが、その当時のことは覚えていません。その後中学生になったあるときに、改めて母から告知を受けました。きっかけは、家にあった1冊の本です。その本には、ADHDをもった人物が試行錯誤しながらそれと向き合ってきた話が載っていました。

　自分は、その人物が抱える悩みに対して既視感のようなものがあったのです。「自分はもしかしたら」と思い母に話してみたところ、過去に診断を受けていたことを知りました。

　ただ、そのときの自分がもっていた「障害観」というのは、図書室においてあった障害をもった子の奮闘記を読んでいたことも相まって、悪いものではありませんでした。

　その告知にさして衝撃を覚えるといったこともなく、今日に至っても障害観は悪いということはありません。

● 通　級

　自分は、学校に通うということに対して、「毎日通うのは難しい」と思っていました。理由は単に疲れるからというものです。

　疲れるのは、しんどく辛いものでしかありません。自分は、この毎

日通うということに対して、どうにかできないかと考えていました。そこに転がり込んできたのが「通級」という制度です。この制度を使えば、毎週必ず別の学校に行くという「新たな刺激」を受けることができる、そう思った自分はその魅力に飛びつき通級を選択しました。

　その結果、自分は「学校に行く」という選択肢がひとつしかない状態から、新しい選択肢を手に入れることによって、自分の中で「学校」と「通級」のふたつを使い、「学校に行く」ということに慣れていったと考えています。

　正直自分は、通級に対して思い出として残っているようなものは少ないです。しかし、中学3年生のとき、通級の先生が自分に話してくださったことだけは、ここに記しておきたいです。

　自分は、疲れやすいということに関して深く考えるということはなかったのですが、中学3年生のときに卒業を控えていた自分に対して先生が、「堀内君は、0か100というその極端な体の使い方によって、コンディションを整えるのが苦手かもしれない」と教えてくださいました。

　つまり、自分は「通級のときは体を休め、学校では活発に行動している」と先生は考えていたのです。

　このことばを聞いてすぐに体調をコントロールするということはできませんでした。しかし、これを意識するだけで体の状態をイメージできるようになり、自分のペースを「通級」と「学校」でバランスをとるという無意識下で行っていた経験が、後に「体の調子を整える能力」を伸ばすきっかけになったのです。

3 宿題 — 小学校

● **宿題についてうるさく言うことはなかった**

　宿題のエピソードとして思い出されるのが、小学校1年生の音読の宿題です。

　次男は音読が好きだったようで、嫌がらずに毎日やっていました。音読カードに、「音読を聞きました」という証明にハンコを押すことになっていました。音読を聞きながら、私はハンコを押す代わりに毎回、音読の内容にあった小さな絵を描いていました。これを楽しんでやっていたのです。

　これは、おとなになってからわかったことですが、どうやら次男は音読以外の宿題はやっていなかったようです。息子が宿題をやっていなかったことすら知らなかったわけで、我ながらあきれました。

　しかし、長男に宿題をするように言うといつもパニックを起こされていたので、その影響なのか私は宿題についてうるさく言うことがなかったのです。

　ちなみに三男のときは、漢字の宿題がたくさん出ると、書いているうちに段々と違ってしまい、最後の方はマカ不思議な漢字ができあがっていたので、「ひとつの漢字を2回くらいにしてください」と先生にお願いしたところ、先生は、快く承諾してくださいました。

宿題から逃げてきた

● 0点の評価

　自分は、宿題をやってこなかったです。理由としては、机に向かう習慣がなく、また向かったとしてもまったく理解できず、宿題はただただ苦痛だったからです。

　当時の自分をふり返ってみると、国語の漢字などの答えが明確なものであれば対応できたかもしれませんが、算数などの宿題はどれだけやっても答え合わせで間違えていて、自分が間違えた問題と向き合うということが、心の底から嫌だったのです。

　そこに元来もっていた怠け癖と相まって、自分は宿題をやってきませんでした。

　宿題をやる意味なんてわかりきっています。学ぶためです。日々の中で学ぶ姿勢を正し、勉強するという習慣をもつことは非常に重要な事柄だと自分も理解しています。

　そうだとしても、問題を間違えている自分に向き合うことが辛くて、そしてその間違えているという事実を周りに告白し、その評価を下されるのが、恥ずかしくて嫌でどうしても知られたくなかったので、宿題をやらなかったのです。

　そうすれば、同じ0点でも間違えることからの評価ではなくなるとわかっていたので、自分は、宿題から逃げてきたのです。

1章 コラム 穏やかでやさしい空気

　次男を出産したときのことは、今でもしっかり覚えています。
　生まれて直ぐに、助産師さんに抱かれた次男は私の横に来ました。トローンとした目で私を見て、私の差し出した右手の親指をしっかり握りしめました。
　そのとき、温かな心からの喜びが湧き起こりました。
　その後、次男が3歳くらいになったときに、そのときのことを話すと「ママに、ずっと良い子でいますってお約束したの」と言いました。そのことばとは裏腹に、そのころの次男はいたずらと多動の日々でした。
　しかし、そんな中でも次男のやさしさは、私に慰めを与えてくれました。あんなに多動でいたずらだったのに、幼いころの次男のことを思い出すと、穏やかでやさしい空気に包まれます。

2章

中学

次男は中学2年生のときに、不登校になりました。この章では、そのとき次男は、どのように過ごし、何を感じていたか、そして、どのようなことがきっかけで、教室に戻ったのかを書いています。また、クラスメイトや担任の先生とのかかわりについても触れています。

4

不登校 — 中学校

● 入学する前に校長先生とお話しをして

　次男が中学に入学する前に、私は校長先生に約束を取り、次男についてお話ししてきました。かいつまんで言うと、「発達障害のある次男に対応できる先生が担任になってくださったらありがたい」というようなことをお伝えしました。

　入学して、次男の担任になったのは、それまで養護学校にいらした女性の先生で、普通級ははじめてということでした。入学式のあとに、次男について担任の先生にもお話ししました。

　私は、次男はやさしくて、一緒にいるだけで癒されるということを先にお話しして、そのあとにご配慮いただきたいことを伝えました。

　その後先生は、次男がパニックになると誰もいないカウンセリングルームに連れて行くなどの対応をとってくださいました。

　ちなみに次男のパニックは黙って固まってしまうので、何が辛かったのかわかりません。そのため、先生はクールダウンしてから話を聞いてくださいました。

　次男は、友だちがいじめられていたりすると、パニックになることが多かったようです。

● 部活のつまずき

　中学生になり、次男はバスケ部に入部しました。さっそく、朝練と放課後の練習が始まりました。私も中高6年間バスケ部だったので、練習のきつさは経験しています。

　次第に次男は、練習を休むようになりました。それだけではなく、学校も休み始めました。中学でも通級指導教室に通っていたので、通級の先生と相談して、週1の登校を週2にしていただくようにしました。その他の日は、在籍校の保健室に行くことになりました。

　しかし、保健室は長くいられないため、少しの課題が終わると家に帰ることになっていました。時間がたっぷりあるため、次男は毎日ブックオフ（古本屋）に行き、立ち読みをしていたようです。

　ちなみに、次男は小学校の低学年のときも自分から1日置きの登校にしたいと言い、そのようにしていた時期がありました。

　しかし、しばらくすると、また毎日行くようになりました。そのような経験から、私は次男が学校に行けなくなっても、次男のペースを見ながら、先生とお話しして様子を伝えるなど親としてできることをしていました。

● 教室に戻るきっかけ

　ある日、クラスメイトが次男が保健室にいることを発見し、休み時間に保健室に来るようになりました。そういうときに次男がカーテンの陰に隠れていることを、保健室の先生が教えてくださいました。

　そしてある日、担任の先生が保健室にいる次男にあることを言ったことがきっかけで次男は少しずつ教室に戻ることができるようになりました。

　そして、おとなになってから次男はそのときのことをふり返って「きっかけがほしかったんだと思います。先生が背中を押してくださいました」と言いました。

● 次男はクラスの人気者

　次男は変わった子でしたが、クラスの中では人気がありました。どうやら、次男の言動はクラスの子たちに大きな影響を与えていたようです。

　子どもたちは、家に帰ると「今日は堀内君がこんなことをした。こんなことを言った」とお母さんに話していたようで、参観日になるとお母さんたちから、「あなたが堀内君なのね」とたくさん声をかけられていたようです。

　ちなみに私も参観日に、「あなたが堀内君のお母さんなんですね」と言われ、お子さんが次男のことをどんなふうに話しているか教えてくださいました。

　ある子はお母さんに、「堀内の背中には羽が生えているんだ」と言ったそうです。心やさしい次男の存在はクラスの子たちにも安らぎを与

えていたのではないかと思います。文化祭や合唱祭のときにも会場から「ほりうちー」とよく声をかけられていました。合唱祭のクラス紹介のときなどは、どのクラスも静かでしたが、次男のときだけは、みんな大笑いで、楽しい雰囲気のまま合唱が始まりました。

● 先生の影響で

　発達障害の子は、周りとは大きく違うため、そのことでいじめにあうこともあると思います。しかし、担任の先生がいつも次男を肯定的に見てくださっていたので、それがクラスの子にも伝わっていたように思います。

　面談のときに先生は、「お母さんがおっしゃた通り、堀内君は本当にやさしいお子さんで、私も癒されています」とおっしゃっていました。

　もし、先生が次男をやっかいな子だと思っていたら、それもクラスの子に伝わります。先生が、その子をどのように見ているかということは、他の生徒に大きな影響を与えるように感じます。

きっかけと要素の解消

● 中学入学から不登校になるまで

　意外に思われるかもしれませんが、小学生のころ勉強はできたほうでした。宿題はしてきませんでしたが、自分には漫画でわかる某猫型ロボットが算数や理科を教えてくれる本を見ていたのです。これにより、学校を休みがちで授業を聞いてこなかった自分でもテストで良い点を取ることができました。

　しかし、中学生になると、まったく授業についていけなかったです。考えてみれば、当然の結果です。周りが真剣に授業を受けているとき、自分はまったく別のことを考えていたり、授業とは関係ない部分の教科書を読んでいたりと、授業に対する姿勢がまるで違っていたのです。そんな人間が周りの人と同じような成績を収めることなんて、できるはずもありませんでした。

　そのように1年生のころはひどい成績を収めていた自分でしたが、2年生になって、学校生活においてひとつの転機が訪れました。バスケ部に入部したのです。自分の体はかなり早熟タイプで、身長は中学2年生で止まってしまいましたが、それでも177cmあったのでバスケにはうってつけでした。

　最初のころは、楽しく部活をしていました。しかし、自分はバスケ部を続けられなかったです。理由についてはふたつあげられます。

ひとつ目は、練習がきつかったことです。これは別に珍しいことではありませんが、バスケ部には朝練があり休みの日にも練習があったりで、自分にはきつく、またそれを乗り越える根性がなかったことです。

　ふたつ目は、持病の喘息です。自分は幼いころから体力がなく、ずっと走り回ったりというのができませんでした。授業の体育程度であれば問題はなかったのですが、バスケの過酷さを自分は甘く見ていたのです。

　結果、自分には続けられない、というよりはやめたいという思いが強くなっていきました。

　しかし、自分はそれを言い出せないでいました。理由は恥ずかしくてしょうがなかったからです。

　周りが頑張ってやっている中で、できませんと面と向かって言う勇気、その後の関係でどんな評価を周りが下すのかということへの恐怖、それらが相まって、誰とも出会わなくていいように、自分は中学２年生のころ不登校になりました。

● 不登校のときの状況

　不登校の自分に待っていたもの、それは保健室でした、自分の学校では保健室登校というものがあったのです。これは、１時限が始まると同時に個々人に合わせた授業を行い、１時限で終了というものでした。また、そのとき自分は特別に週２日、通級教室にも通っていたのです。

　まとめると、週２日通級に通い、残りの３日は保健室登校というのが自分の状況でした。

さて、不登校になったことがある人であれば共感してもらえると思いますが、とにかく時間はたっぷりありました。その時間を、何か生産性のあるものに打ち込めたらすばらしいとわかっていながら、自分は毎日のようにブックオフに通っていました。

　読んでいたのは漫画本のみです。最初は少年漫画ばかり読んでいましたが、自分は速読で読みたい本はすぐに読み終わり、それからはジャンルを問わず読みあさっていました。

　毎日のようにブックオフで立ち読みし、何か知恵を身につけていたわけでもない自分は何を考えていたかというと、それは漠然とした未来に対する恐怖、そればかり考えていました。

　高校生に上がれるなんて微塵も思えませんでした。それくらいまでに学力に自信がなく、勉強についていくなんて考えられないのです。働くことなんて不可能だと思いました。毎日のように通うというのが自分にとってありえないことだったからです。

　だから、このときの自分がもっている感情は、ただただ「未来が怖い」という恐怖そのものでした。

● 不登校でなくなる要素

　さて、不登校ではない状態になるには何が必要なのでしょうか。自分には、ふたつの要素が起こり解決に向かいました。ひとつは、きっかけ、そしてもうひとつは直接的な原因が解消されること、そのふたつ、が自分には必要だったのです。

　自分の場合、きっかけはなんてことはない先生の一言で、直接的な原因はバスケ部員に対するどんな反応が来るかわからないという恐怖

でした。

　これから、自分の不登校がなくなる話を記していきます。その前にひとつだけ伝えなくてはならない前提条件があります。それは、自分のクラスはいい人ばっかりだということです。

● きっかけ

　毎日のように保健室登校を続けていたときのこと、自分の行動は少しだけ変化していました。まず、学校に着き最初にすることが保健室に向かうのではなく、トイレでチャイムが鳴るまで待つというものでした。そして、チャイムが鳴った後、速やかに保健室に向かうのです。

　このチャイムが鳴るまで待たなかった場合何が起こるかというと、クラスメイトが保健室まで来て、「教室に行こうぜ」というありがたいお誘いを聞かなくてはならないのです。

　絶対に会いたくないというこの気持ちが伝わるでしょうか、そんなわけで、自分はそのクラスメイトに会わないよう日々を過ごしていました。しかしながら、自分のクラスはいい人ばかりです。この「クラス」ということばには、クラスメイトだけではなく先生も含まれています。

先生は、ついに気づきました。自分がクラスメイトに遭遇しないのは偶然ではなく意図的に隠れていたのだと。そうして先生は、ある日自分のもとに来てこう言いました。
　「私は、今まであなたのわがままを散々聞いてきた。今度はあなたが私のわがままを聞く番だ」「選択肢をふたつあげる。ひとつは、今までどおり保健室登校を続ける代わりにクラスメイトが保健室に来るのを受け入れること。そしてもうひとつは、あなたが代わりにクラスに行ってみんなに挨拶をすること、どっちか選びなさい」。
　自分は即断しました、選んだのはもちろん後者の、自分がクラスへ行きみんなに挨拶することです。クラスメイトが来るなんてそんなもうしわけないことなんてできないし、何より恥ずかしさが強すぎて選べるわけがありませんでした。その日から、自分の日課にクラスに行き挨拶するという行為が加わり、保健室登校は続いていきました。

● 原因の解消

　保健室登校を続けていたある日、自分は校庭で行われている体育の授業を見ていました。単純に運動は好きでしたし、楽しそうに行っているのを見てうらやましかったのだと思います。
　そうしたら、「体育の授業だけでも出ないか」という話になったのです。当然自分は断りました。自分だけが楽しい授業にのみ参加するというのが考えられなかったからです。
　しかし、それから少したち、やってみたいという気持ちが強くなり、自分は体育の授業に参加しました。周りはわりと何事もなく接してくれました。理由は挨拶していたというのが関係あるのかもしれません。

明確な理由なんてものはわかりませんが、なんであれ不登校である自分にも参加させてもらえたのです。

そして、走り高跳びを行っていた自分に対して、バスケ部の人が話しかけてくれました。内容は確かアドバイスだったと思います。走り高跳びで苦戦していた自分に対して改善点を話し、そして飛んだ後、一言褒めてくれたのです。自分はこの出来事を生涯忘れることはないでしょう。それくらいの衝撃が、自分にはありました。

● 不登校の解消

それから、体育だけ参加していたのが国語の授業も加わり、給食の時間も加わり、最終的に自分の不登校は解消されました。

恐らく、先生がクラスメイトと会う時間を設けてくれなかったら、また、バスケ部の人とほんの少しでも交流することができなかったら、自分はどうなっていたのかわかりません。それくらい、この「きっかけ」と「原因解消」というふたつのことを得たのが大きかったのです。

ただ、不登校は解消しても、毎日のように学校に行けていたかというとそんなことはありません。「休みがち」というのは変わりませんでした。しかし、それでも学校に行くのは怖くはなくなりました。

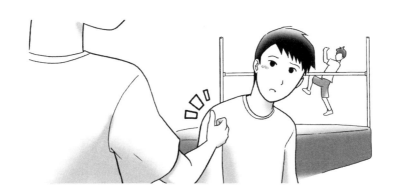

2章コラム 不登校は温かな記憶へと

　次男の不登校のことを思い出すとき、時間が経ったせいもあるとは思いますが、なんだかふんわり温かい気持ちになるのです。
　急に学校に来なくなってしまった次男がどうしているのかとクラスの子たちは先生に何度も聞いてきたそうです。先生は返答に困ったとおっしゃっていました。そのうち、保健室にいる次男を発見し、何人かのクラスメイトが保健室にやってくると、次男はカーテンの陰に隠れていたそうです。
　保健室の先生はニコニコしながら「堀内君たらあの大きな体で隠れようとするのよ。ほんとにかわいいの」と教えてくださいました。なんだかそういうことの一つひとつがほんわかするのです。
　「あー、次男はみんなから愛されているんだなぁ」と……本人にとっては辛い出来事だったと思いますが、私の中では温かな記憶に変わっているようです。

3章

高校

高校に上がったある日、次男の口から「死にたい」ということばが出ました。なぜ次男がそのようなことばが出るほどに追い込まれていたか。

この章からは、次男が先にその当時のことをふり返り、そのあと、私がそんな彼に親としてどう接したかを書いていきます。

5

転機となった高校時代

● 高校受験

　勉強はできませんでした。特に数学は壊滅的でした。ノートをとる習慣がなかったのです。字は汚くて、目が悪く気を抜くと黒板の文字が消されており、書けない部分があると面倒くさくなりやめていました。

　さて、どんな高校に入学できるでしょうか、驚いたことに選択肢はありました。ひとつは養護学校、そしてもうひとつが調理師専門学校です。自分は後者を選びました。理由は、その学校のPRに「勉強嫌いな君でも大丈夫」と書かれていたのが大きいです。

　そこに入学するには、高い入学金と達成しなくてはならないちょっとした課題があったのですが、幸いなことにそれらは達成でき、問題なく入学することができました。

● 高校生活

　料理の授業は難しくも、専門的な知識が学べるのが嬉しく、また面白かったのですが、ただ、周りと仲良くなるということがまったくできなかったのです。

　はじめて気がつきました。自分は、誰かに話しかけてもらえればコ

ミュニケーションがとれますが、自分から話しかけることを行ってきておらず、また、できないといっても過言ではない状況を知りました。

ある日のこと、授業中のざわめきがうるさかったので注意をしました。ただそれは、周囲の人はもう仲のいい人と繋がっている証拠で、自分にはそういう友達がいないということを浮き彫りにしました。

調理の授業のとき、先生が大きな教室で生徒に伝えるための声や、周りの真剣な眼差し、少しでも気を散らすとすぐに周りのお荷物になるという自覚、そのすべてが耐えられませんでした。

結果、周りから浮きました、周りから爪弾きにされました、そうして自分は、学校を休みがちになりました。

半年がたったある日のこと、母から話しがありました。「もし学校を続けるのであればそれでも良い。しかし、学費は高いので、行かなければそれが無駄になるのでそのことは承知していてほしい」といったものでした。

自分の出した結論は、学校を続けることです。しかし、何も解決はしていません。周りから浮いているのは確かです。授業についていくこともできてはいません。

そのため、自分には課題が出されていました。課題といってもたいしたことはなく、ただ教科書をひたすらに書き写すというものでした。

集中力があればたやすいその課題は、自分には苦ではありませんでした。しかし、根本的な調理の授業はどうにもならなかったのです。

自分は悟りました。選んだこの道は勉強ができなくても良いという道、しかし、そこから踏み外してしまったら、自分にはもう進める道はどこにもないということを。

だから、この学校をやめるという選択肢はあってはならないのです。そうでなきゃ勉強ができない自分にはもう道がないということになり、終わってしまうのです。

● 家出

ほどなくして、全部あきらめました。行くことができないのに高い学費を払ってもらうことはできません。だから学校は続けられません。就職という道はありえないです。学校にさえ行けない人間が就職できるなんて思えないのです。家にはいられません。もう進める未来なんてないのです。だから、そのすべてを叶えるために行動しました。

死は、本当に心の底から怖かったので、手ごろな家出を選択し、遠くの川で生活しようと考えたのです。季節は冬でした。怖かったし悲しかったし嫌でした。でも、どうしようもなかったのです。

携帯電話は家に置いていきました。母には友人の家に泊まりに行くと伝え、書き置きなどは残さずに、一切のことを悟られないようにして出発しました。

川に行く途中、川がものすごく暗いことに気がつきました。自分は怖いものが苦手なので、今日だけは明かりのついたどこかの駐車場で寝ようと決心しました。結果、寝れませんでした。寒かったのです。本当に寒かったのです。仕方がないので、24時間営業のファミリーレストランに向かおうとしました。

向かおうとしたその途中、なぜか両親が乗っている車に遭遇し、瞬間、自分は笑いました。決心をしたつもりだったのです。これで二度と会うことはないだろうと思っていたのです、それなのに、その結末

がこれかと思うと、笑えてきたのです。

そのとき、自分がどんな理由で笑ったのかはわかりません。悲しかったのか、安心したのか、とにかく自分は笑っていました。それ以来、自分は生きることをあきらめるということは考えてはいません。

● 道は拓けた

現状は、何ひとつ変わっていません。勉強も友人もそのままです。それでも道をみつけなくてはなりません。しかし、道は拓けました。その調理師専門学校と提携している高校があったのです。もう一度だけ書きます。「道は拓けた」のです。

自分は、その専門学校と提携している単位制の高校に編入しました。単位制ということもあり、授業ごとに教室が変わるのは珍しくありません。ひとりでいても気楽でした。

少しずつ変化していったことがあります。まず、成績が伸びました。これは、何も死にものぐるいで勉強したということではありません。自分は、普段集中して勉強することはできませんが、テスト当日のそれもテストが始まる15分前に、とてつもない集中力を発揮できると気づいたのです。その時間で不登校のときに立ち読みで鍛えられていた速読のスキルを使い、点数を上げることができました。

また、普段集中して授業は受けられないといっても、ノートをとるのは可能になっていました。恐らく、課題で出された教科書の書き写し、あの課題により、机に向かって字を書くということが苦ではなくなったと考えました。成績は伸びました。そう、成績は伸びたのです。

自分は、大学に行くことを決心しました。

道はたくさんある

● 高校受験

　中学1年から高校進学のための準備をするように、通級の先生から言われていました。そのため、1年生では、高校の情報を集め、2年生になったら見学と体験を始めました。その中で調理師専門学校に興味をもった次男は、専門学校主催のお試し調理実習に参加しました。

　正直言うと、次男はその学校に行くための成績には達していませんでした。しかし、通常は3年生から体験するところをお願いして2年生のうちから参加させてもらっていました。

　礼儀正しくまじめな次男は、先生方の目に止まっていたようです。推薦は厳しい状況でしたが、調理師専門学校の方からぜひトライしてみるように言っていただき、その結果合格することができました。

●「入った高校を卒業できると思うな」

　調理師専門学校に入学した次男は、張り切って学校に行き始めましたが、次第に遅刻や欠席が増えてきました。よく観察すると、調理実習のある日に限っています。調理師専門学校に入学しながら、調理実習に参加しないのです。

　そんなことが続いたある日、次男は「お母さま、私は死にたいです。せっかく自分で行きたいと言って、たくさんの学費を払っていただいたのに、私はこの学校を続けることができません」と言いました。

ふつうは、結構ショックを受けると思うのですが、私はその瞬間に「発達障害の子は入った高校を卒業できると思うな」という先輩お母さんのことばを思い出しました。

　そして、言いました。「死ぬことはないよ。道はたくさんあるんだから、高校卒業認定試験を受ければ、大学や専門学校に行くこともできるし、今の専門学校には、単位制の高校にも席があるから、そこの通信か、通うコースに行くこともできるよ」。次男は、少し考えて「通信制に移ります」と言いましたが、数日後に「私は、かなりの怠け者なので通信は無理かと思いますので、通うコースに行くことにします」と言いました。

　そして合格し、2年生になったときに単位制の学校に移りました。

● 情報提供

　親として大切なのは情報提供だと思っています。子どもは親に比べたら情報が少ないのです。そのために道が閉ざされたと感じます。そういうときに適切な情報を提供することによって「道はたくさんある」と感じ、生きやすくなります。

「ふつうの子を育てたい」

　次男が高校生のとき、私は次男にひどいことを言ってしまったことがあります。
　そのときは、次男が学校を休みがちで辛そうに登校していました。そんなときに、ふと私は言ってはいけないことを言いました。

「ふつうの子を育てたい」

「お母さま、ふつうの子とはどういうものでしょうか？」
「苦しまなくても学校に行ける子、部活とかバイトもできる子」
　今から考えると、なんと残酷なことを言ったのだろうと思いますが、そのときは、毎日しんどそうに学校に行く次男を見るのが辛かったのだと思います。
　その後、次男は「自分は、ふつうの子になります」と宣言し、学校もあまり休まなくなり、部活やバイトも始めました。年末年始の年賀状の仕分けのバイトは続けていましたが、部活と飲食店のバイトはすぐにやめてしまいました。それでも、次男は充分に頑張ったと思います。
　しかし、次男がおとなになってから「あのときは、ふつうの子を育てたいと言われ、本当に傷つきました」と言われました。
　もちろん、その当時も次男にたくさん謝りましたが、私の心ないことばは、次男の心に深く突き刺さっていたのです。

4章

大学

次男の口から「人生で一番楽しく過ごせたのは大学時代だ」と聞いたことがあります。
それくらいに、彼にとって大学時代はかけがえのないものだったのだと思います。
しかし、大学1年生のときから勉強に苦労し続けたこと、単位をとるために多くの工夫をしていたこと、そして悩んでいる彼に手を差し伸べてくれた存在があったことを、私はかたわらで見ていました。
この章では、悪戦苦闘の大学生活を次男が伝えます。

6 一番楽しかった大学時代

大学1年

● 3分の1は卒業できない

「君たちの先輩は、3分の1卒業することなく大学を去った」入学式が行われ、その後のガイダンスで、教授のひとりがそんなことを言っていました。聞けば、付属で推薦をもらい受験勉強をしてこなかった付属生が、過去にたくさん退学したということらしいです。

「君たちがその3分の1に入るかどうかは、今この瞬間からの行動次第だ」そのことばを最後に、ガイダンスは終了しました。

付属生である自分は、心のうちで「大学を卒業できるといいな」と、ひとり願いを胸にして、入学初日を終えました。

履修科目は、単位の見本が配られていてその通り履修して、24単位中23単位を選びました。最初の学期としては上々でしょう。

法学部法律学科に所属していた自分は、必修科目を多めに取り、このまま単位を取り続けられるなら問題なく卒業できると思いました、自分の大学生活は、軌道に乗っていると感じていたのです。

しかし、そんな軌道に乗っていたはずの大学生活は、テスト結果が配られる日に、一瞬にして崩壊しました。23単位受講していて、取

れた単位は10単位でした。

　軌道に乗っていたから、安心することができたのです。現状が軌道に乗っていないのであれば、大学生活に希望なんてもてるはずもありません。入学初日に教授が言っていたあのことばが、頭の中でよみがえってくるのを、自分は感じていました。

● できることを必死にやった結果

　現状がうまくいっていないのであれば、うまくいくためにどうするかを考えることしか道はありません。「少しずつ単位を確実に取っていき、まずは自信をつけよう」。そう結論を出した自分は、履修単位を23単位から13単位まで減らし、よっぽどのことがない限り落とさないものを選択し、秋学期に向けて万全の状態を作り出しました。

　やることさえ決まってしまえばあとはそれを実行するだけです。気持ちがすっと軽くなるのを感じました。

　授業を減らした分、受ける授業ではいい成績を取ろうと決心しました。大学の授業でよく見る、一番前でノートをとっているまじめそうな学生、そのポジションを目指しました。しかし、秋学期が始まってみると順風満帆というわけにはいきませんでした。

　レポートのできが一番成績にかかわるものを多く履修し、空いた時間でレポートを書き上げるなど、うまくいく部分もあったのですが、肝心要の法学の授業についていけなかったのです。

　教授がしゃべっていることばがまったく理解できず、なんとか聞いて授業に集中しようとしても、集中力が途切れた瞬間、再び教授のことばの意味がわからなくなるのです。

しかし、「だからといってめげる必要なんてない、たとえわからなくても自分はまじめに授業を受け、ノートをとっているのだ、書くのが大変なレポートだって、すべて提出しているのだ、自分でできることはやっている」、そんなことを考えながら、自分はテストに向かっていきました。

　テストは、前回落とした再履修のものばかりです。「これで単位を落とすようであれば、もうどうしようもなくなるだろう」ぼんやりとそんなことを考えていました。だからこそ、テスト前の復習に力を入れ、真剣にテストを受け、必死に考えて問題を解きました。結果、法学の単位はほとんど落ちていました。

　ジェンダー論の単位はSだったので、母が褒めてくれたのをおぼろげに覚えているのですが、だからなんだというのでしょう。結局のところ、法学ができないのであれば話になりません。卒業するためには、主専攻である法学の単位が何よりも大切なのです。この単位たちが取れないのであれば、自分は卒業できないのと同義です。

　幸いなことに、自分の大学は留年のない大学だったので、自分も2年生になることができたのですが、それでも法学がまったく取れていないという現状は変わりません。

大学2年

● 知人からの教え

　そんな勉強ができていなかった自分に対して母から、「知人に法学を勉強していた方がいて、その方に法学をみてもらう」という提案を

もらいました。

　いつもであれば、間違いなく辞退していたと思います。自分のために人が苦労するなんて、通常時では考えられないからです。

　しかし、そのときの自分は通常の状態にいませんでした。自分の考えは全部置いて、その知人の方に「法学を教えてください」とお願いしました。

　その方の教えはシンプルなものでした。いわく、「法学に必ずある法体系をイメージすると、どの条文を扱っているかを探せる。その条文さえみつければ、授業においていかれるということはなくなるよ」というものでした。正直な話、この法体系というものが授業を受けるうえであれほど大切なことだとは、想像もしていませんでした。

　他にも、「授業で習った単元はプリントなどを見ながら先生に伝え、自分の考えが合っているかどうかを確認する」という作業を行ったのですが、この、「考えが合っていた場合、先生に背中を押してもらえる」という流れが、自分のもっている性質に対して非常に大きな効果を上げました。

最後に、法学の本を読むことです。その先生が通っていた塾の本と、先生が活用していた書き込みがあるテキストをお借りしました。

　これらの教えから、自分は基本的にお借りしたテキストを授業中に見ながら勉強をして、授業外では法学の本を読むという形になっていきました。

　そんな生活を2年生の春学期にしていたところ、期末テストの結果を見て驚きました。なんと、単位が犯罪学の授業以外すべて取れていたのです。さっそく、先生に報告し喜びを共有していたときに、自分はある決心をしました。「秋学期からは先生に勉強を見てもらうことなく、ひとりで頑張ろう」そう思ったのです。

　理由のひとつは、このまま先生に見てもらい続ければ、自分はひとりで問題に対処できなくなって、最終的に先生から「もうやめにしたい」、そう言われるまで依存しかねないという恐怖。もうひとつは、単純に自分のためにしてもらうのが、もうしわけなかったからです。

　2年生の秋学期、ここからまた、「自分ひとりで授業について行く」と決心を固めたのでした。

● 秘　策

　正直な話、1年生のときに起きた「単位がまったく足りていない問題」が、自分に深く突き刺さっていました。選択肢は残されておらず、自分は24単位を履修しなければなりません。

　しかし、自分にはある秘策がありました。単位を少し取ることができた状態でのみ使える秘策。それは、1週間のうち水曜日だけ一切授業を入れずに、全休にしてしまうというものです。こうすれば、週5

日通っていたのが、週4日だけ大学に行けば良いことになり、体調を整えるのが容易になって大学に通うのがかなり楽になるのです。
　そして、なんとか履修制限のかかっている授業も受講できるようになり、自分はなんとか24単位フルで取りながら、週4日登校という理想の状況を作り上げることに成功しました。
　こうして、ひとりで行うと決めた2年生の秋学期が始まったのです。4限まで授業があるというのが常でしたが、それでも「水曜日には完全に休む」この方式が、予想通り自分の体調にずっと合っていました。
　大学に通うのは苦ではなく、授業にもついていけている。レポートに関しては最初から問題ではなかったのです。となれば、自分の思いはたったひとつだけに向けられていました。テストです。
　考えに考えた結果、自分は速読のスキルを使った勉強方法をみつけました。大学の図書館に行き、法学の本を読みあさるというものです。
　さっそく図書館に行き、おもむろに法学の1冊の本を手に取り読もうとしたのですが、読んでいる途中に頭が痛くなってくるのを感じました。実は、この本を読むという行為は1年生のときにも試しましたが、そのときもやはり頭が痛くなり、断念したという経緯があります。成長したと考えていたのですが、それでも、自分には読める本と読めない本があるらしいのです。
　しかし、その1年生のときには読めなかった本の中に、今は読んでいても頭が痛くならない法学の本がいくつかあったのです。それは、題名に「やさしい〜」もしくは「だれでもわかる〜」「初心者入門の〜」と書いてあり、そう書かれた本であれば、自分にも苦もなく読み進められました。

そして、読むことさえできてしまえば自分のもつ速読は、これ以上ないくらいに力を発揮してくれます。同じ単元を扱っている本を複数読み進めていくと、共通して出てくることばたちがあります。それが、一番覚えるべき知識です。これを、何回も何回も読み返す、テスト期間中は、ずっとその勉強方法で過ごしました。

自分はことここに至って、ようやく自分に合った勉強方法というものをみつけることができたのです。結果、24単位中24単位、評価Cがふたつ、他すべてはB以上、それが2年生秋学期の集大成でした。

大学3年

● ゼミをやめたい

3年生の春学期、自分の気分は最高潮でした。車の合宿免許に行こうと考えたり、就職のこともこの時期に考え始めました。正直な話、人生で一番楽しかった春休みはこのときだったと言っても過言ではありません。

自分の大学では3年生になると同時に本格的にゼミが始まります。行きたいゼミは、もう決まっていました。大学で一番面白いと感じた授業をする教授、民法を扱っていた彼のゼミに決めていたのです。

その教授の授業は、口頭で説明するのみで、気を抜くともう何を話しているかがわからなくなります。しかし、そんな教授の授業が、ある瞬間から歯車がかみ合うタイミングがありました。

このかみ合う現象が始まると、教授の話すことばを理解できるようになり、授業に釘付けになって聴いていました。ゼミはその教授のも

とで行うことに決めました。こうして、3年生の春学期がスタートしたのです。

ところが、はじめてのゼミの内容は、頭の中がめちゃくちゃになるくらいに、理解できませんでした。

授業が終わり、自分はさっそく対策を考えました。自分でできないのであれば、あの先生に頼ろう。そう思ったのです。

しかし、そのゼミについて見てほしいというメールを出したあと、自分の中にあった考えは、「ゼミをやめたい」というものでした。

両親に相談しました。やはり、まず両親の頭にわいた疑問は「なぜ？」というものでした。自分が大学生活を送るうえでゼミを続けることは困難と思ったと話すと、母は承諾し、父はそれを「逃げだ」と称して納得しませんでした。

そう、これは紛れもなく逃げです。一切の言い訳はききません。正真正銘、辛いから逃げたい、ただそれだけなのです。真っ当な父の意見を覆すことができることばが、自分には一切見当たりませんでした。

そうして、父が提案をもちかけてくれました。「お前の考えはわかった。だが、それをお前の中だけで完結させることは認めるわけにはいかない。教授としっかり話し合え、そのうえで出した結論であれば、俺からはもう何も言わない」。

● 「続けるか否か」

そして、自分はその後、教授とのアポイントを取りました。自分が教授に話すことばは、ただ辛いからやめさせてくださいというものだけです。それを教授に伝えることが、心の底から恥ずかしくて情けなくて、そして怖かったのですが、ついにその日がきました。

自分は、包み隠さず、前回の授業にまったくついていけなかったこと、そして今のレベルでは今後も続けていくことが難しいと思っており、ゼミをやめたいと考えていることを告白しました。

教授は、「最初は誰でもあんなもの、だんだんステップアップしていけば大丈夫」そうやさしく諭して、見捨てようとはしませんでした。

自分はそこから、ゼミで茫然自失となってしまったこと、ここまで体に影響を受けるのははじめてであること、そして、発達障害のことを告白しました。

教授は、自分の語ったことばのすべてに対して、真剣に考えてくれました。一つひとつ、真摯に答えてくださいました。

1時間半くらい教授と話しをして、最後に話しをした内容、それは自分が「続けるか否か」というものでした。そして、自分はやめることを選びました。

教授は、自分との話しの際にたったの一言でも「困る」といった内

容のことや「残された人の負担をどう思うのか」といったことは、一切話しませんでした。考えてくださったことは、ただ自分の身を案じたことばだけだったのです。

だからこそ、今からでも別のゼミに移れるよう動くと言ってくださったこと、最後の選択肢が「やめるか否か」ではなく「続けるか否か」と、選択しやすいようにしてくださったこと、それらすべてに対して、自分は泣き出しそうになりました。

教授からの「今後、他の授業では、これからもよろしくね」ということばを最後に、自分は研究室から出て、声を出さずに泣きました。

父に教授とのやり取りを話すと、快く納得してくれました。

その後、車の免許を取るための合宿所を選び、就活は夏休み後に行うことを決めて、3年生の春学期は24単位中20単位を収め、終了しました。

● グループワーク

3年生の秋学期、自分が授業を選んだ基準は、グループワークがあるか否かというものでした。大学で友人を作ってこなかった分、グループワークを通して同年代の人とのコミュニケーションを学ぼうと考えたのです。

結果、数多くのグループワークがある授業を選択することができ、コミュニケーション技術向上のための3年秋学期がスタートしました。

当初は、グループワークに戸惑うことが多かったです。文字を書くのは大の苦手ですし、グループワークの「どの役割を行うか」について少し考えなくてはなりませんでした。

周りの人を見てみると、グループワークにおいていくつもの役割がある中、発表者という役割は敬遠されていました。だからこそ、この発表者に立候補すれば、たやすくなることができました。そして、一度でも発表者になれば、そのあと別のグループで組んでも、選ばれることが多かったです。

　自分は、発表者という役割を手に入れました。そして、次に自分が発表者として意識すべきことを考えていきました。

　何回か回数を重ねていくうちに、多くの人と触れ合っていく中で気づいたことがあります。自分が発表者として意識すべき要素は3つありました。ひとつ目は、「しゃべりやすい環境を作る」。ふたつ目は、「出された意見をないがしろにしない」。最後に、「発表の際に何を伝えたいかを明確にする」です。

　このようにして、自分なりに人と接するうえで大切な要素をいくつもみつけ出し、そしてそれを鍛えていくことができました。

　結局のところ、大学内での友人はみつけることはできませんでしたが、自分はこのグループワークのおかげで、「人とかかわる」という大きな経験をもらうことができました。そして、グループワークの授業ばかり取っていたということもあり、3年生の秋学期は単位を落とさず、無事に終えることができたのです。

大学4年

● キャンパスライフを満喫

　4年生の春学期、気がつくと残された単位は11単位だけになって

いました。1週間のうち6科目履修すれば、これでもう卒業単位を満たすことができるのです。自分は、残されたこの11単位のみを履修しました。

　この年は、本当に色々なことをしました。母と一緒に講演をしたり、地元の友人とはじめての海外旅行に出かけたり、本当に各地を回り色々な物を目で見て、そしてたくさんの思いに触れることができました。残り少ない大学生活、本当にそのどれもすべてがかけがえのないもので、今でも心に残っています。そして何よりも、過去をふり返って、感慨にふけっていたのもこの時期でした。

　目の前に何か大きな壁ができて途方にくれていたときに、手を差し伸べてくれる人がいました。壁を乗り越える方法を教えてくれた人がいました。

　そして、壁を乗り越えたその瞬間、小さなものではあるものの、確かな成長を感じることができたのです。その小さな成長によって、新しくできることは何かを探して積み重ねて行ったその先に、またひとつできることが増えていきました。

4年生の春学期は、卒業単位をすべて収めた学期となりました。そのため、最後の秋学期は大学に行くことはありませんでした。

　自分は就活をし、それ以外のときはゴロゴロして過ごしていました。だからこそ、卒業式で再び大学を訪れた際には、少しばかり感傷に浸っていました。

　昼休みはずっと図書館で過ごしていたこと、授業ではいつも一番前の席で過ごしていたこと、レポートを書く前に決まって飲んでいた缶ジュースのこと、そして、自分に大きな考える機会を作ってくださった教授の方たちのこと。法学がわからず途方に暮れていたときに声をかけてくださった先生、思い返してみれば、全部が良い思い出ばかりでした。

　「人生において、一番楽しかった時期はいつですか」と問われたら、間違いなく大学時代だと、そう言えるくらいに、自分の心は晴れやかになっていました。

　だから今、入学式のときに、漠然と思ったあの願い、それが叶ったこの卒業する瞬間において感じるものは、ことばにできない達成感しかありませんでした。

試行錯誤の大学生活

　次男は発達障害があるため大学の支援を受けられるので、入学式のあと、その窓口に行って相談するかどうか聞いてみました。次男は、「それはいりません。自分でなんとかやってみます」と言いました。

　次男は、翌日からすべて自力でやらなくてはなりません。しかも今まで学んだことのない分野です。思いのほか単位を取ることに苦労していました。

　2年生になってから、たまたま弁護士を目指していた友人が声をかけてくれました。彼が次男に与えた課題の中で、「大学で学んだことをお母さんに伝えて」というものがありました。そのため、次男は帰って来ると、その日の面白い講義について話してくれました。

　夕飯のときに講義の話を聞くのが、私の大きな楽しみになりました。気づけば、次男の成績は劇的に上がっていたのです。

　しかし、大学3年生のときにゼミを「やめたい」と言われたとき、次男がとても苦しんでいたので、私は了解しましたが夫は、「辛いことから逃げてばかりいたら社会に出たときに困るから、なんとかもう少し頑張らせたい」と言いました。

　「教授と話す」という夫からのチャレンジは、次男にとってかなり勇気が必要だったようです。しかし、夫の粘りが次男をまた一歩成長させたのです。そのときの教授とのやり取りを次男から聞いたとき、胸が熱くなりました。

4章 コラム　すばらしい出会いが

　大学の付属高校からの進学だったので、高校の担任の先生が最後の面談のときに「こんなふうで大学生活を本当にやっていけるのか、心配だ」というようなことを次男に言いました。「これから頑張ろうとしている生徒に言うことばなのか」と腹を立てたのを覚えています。

　私の中に何も心配がなかったわけではありませんが、きっと次男はなんとか頑張るだろうと思っていました。

　ところが、大学に入って最初の成績は本当にひどいものでした。

　まだまだ入ったばかり、という思いもありましたが、次の成績も同じようなものでした。

　さすがに、どうするのだろうと思っていましたが、そのときに友人が「法学について教えるよ」と声をかけてくれたことによって、次男の道は拓けました。

　次男自身も本当に頑張ったと思いますが、その友人やすばらしい教授の方たちとの出会いが、次男の大学生活を輝かしいものにしました。

　大学の卒業式のとき、目標を達成して晴れやかな次男を見て、私も幸福感に包まれました。

5章

就活

次男の就活について、私は今まで通り気楽に考えていました。その年の就職内定率はかなり高く、また、私から見て、次男はどこに出しても恥ずかしくない自慢の息子でした。ですから、まったく心配はしていませんでした。しかし、そんな私の思いとは裏腹に、次男の就活はうまくいっていませんでした。

この章では、就活にまつわる葛藤や悩み、そしてその答えの出し方を、次男が綴っています。

7

自分の心はなんと言っているか

● 人事の方の一言

　はじめての二次面接、インターンシップで行われた一次面接を突破した自分に待っていたのは、人事の方との面談でした。緊張しましたし、何をしゃべったのか正直あまり覚えていません。そんな状況であっても、ひとつだけ覚えていることばがあります。「君のやりたいこと、それってうちの会社じゃなくても良いよね」この一言によって、自分はどれだけ就活を甘く考えていたのかを理解しました。

　はじめての面接は、こうしてぼろぼろに終わりました。何も思いつかなかった自己ＰＲをなんとかひねりだし、受け答えの際に必要な敬語もなんとか意識して乗り切ろうとした矢先のことでした。

　「うちの会社じゃなくても良い」。このことばの意味することは、「企業研究が足りていない」と直接言われているのと同義です。そして、実際にそのときの自分にあった本音というものは、「正直働けるならどこでも良かった」というものです。ですから、人事の方は完全にこちらの考えを見透かしたうえでのコメントだったのです。

　「働けるならどこでも良かった」という考え、これは別に自分の中では悪い意味ではありません。このとき自分のもっていた就活の軸は、「人を笑顔にする仕事」というものでした。

現代社会において、どんな職業でも直接的か間接的かの違いはあるものの、そのどれもが人を笑顔にできるものだらけです。ゆえに、「なんでも良い」。どんな仕事であっても、自分は人を笑顔にできるよう頑張るでしょう。

　しかし、自分はそれで良かったとしても、企業の人がそれで納得するかといえば答えは否です。だから、人事の方が言ったその一言は、当時の自分にとって一番のアドバイスだったのです。

● 自信があった面接で落とされる

　立ち止まっている時間はありません。そこからも自分はめげずに応募したのですが、結果はお祈り（不採用の通知）をいただくものしかありませんでした。考えなくてはなりません。どうすれば企業の方に見てもらえるか、どうすれば内定をもらえるようになるか、それを考えなくてはなりませんでした。

　そして、携帯に届いた一通の合同企業説明会の案内メール、自分はそこに賭けることにしました。内容は、介護業界を中心としたもので、ほとんどの企業が「未経験でも大丈夫」と背中を押すようなコメントが書いてあったのです。

　しかし、実を言うと自分は未経験者ではありません。身体介護の経験こそないものの、当時の自分は障害者の方をお預かりするアルバイトを4年くらい続けてきた経験があるのです。

　「資格はなくても、この経験は企業にとって魅力的に映る」、そう考えた自分は、さっそくいくつかの説明会へと足を運び、一次面接の機会を得ることができたのです。

「勝算は充分にある、こちらはなんせ経験者なのだ、介護経験がある大学生なんて早々いるものではない、面接マナーに関しても問題ないという自負がある。だからここで、内定を獲得しよう」。そう決意して、自分は一次面接におもむきました。

　落ちました。一次面接で落ちました。ショックが大きすぎました。他の業界でも一次で落ちるということはなかったのに、自信があった介護業界の一次で落ちたのです。本当に信じられませんでした。

　「次の会社がある」、そう自分に言い聞かせて別の会社に向かっていきました。同じく介護業界の企業でした。こちらでは一次を突破し、なんとか二次の面接までこぎつけることができました。

　人事の方からの質問である、「あなたにとって働くとはどういう意味ですか」「縁あって会社に入社できたら、どういった貢献をしようと考えていますか」「自転車には乗れますか」等々の質問に対して誠心誠意答えを返していきました。障害者をお預かりするレスパイトのアルバイトの経験を話し、働く意義を真剣に返し、できる限りの対応を心がけました。そうして、結果は、お祈りでした。

　わき上がった思考、それは相当ゲスなものです。しかし、そう思わずにはいられないくらい、自分には納得がいきませんでした。自分の中にわき上がったもの、それは「発達障害のカミングアウトのせい」というものでした。

　そう、自分は今までの面接のすべての場において、最後に必ず発達障害をカミングアウトしていたのです。理由は、それが誠実だと思っていたからです。発達障害の重さよりも、「自身に不利になると思われるような面を相手に伝えることができるという、仕事でうそをつか

ない人間と思ってもらえる」。そう考えて、自分は全部の企業でカミングアウトしていました。

● 2社からの内定

自分は悩み、決断しました。「発達障害のカミングアウトはしない」、そう決断し、再び合同企業説明会に参加しました。

その後、介護業界の企業2社の説明会に参加し、その会社の雰囲気や人事の方たちの印象から、その時点で片方の企業に入社する決意を固めました。しかし、もう1社を途中でやめるのも失礼な話ではありますし、2社を平行して受けることにしました。結果、その2社から内定をもらうことになりました。

正直な話、信じられませんでした。まさか、自分がどちらかを断らなくてはならない立場になるなんて、想像もしていませんでした。

心は、決まっていました。最初から行く会社は決めていたのです。悩む必要なんてない、はずだったのです。

しかし、そう思っていたにもかかわらず、もう片方の人事の方が、かなり親身に対応してくださったのです。

同期との食事会であったり、会社選びで重要なことを、面談の場を設けてまで親身になって相談に乗ってくださったのです。

心がそちらに傾いていくのを感じました。そして、自分は決意していたはずの会社にお断りの電話をしました。そのときに待ったをかけられ、その会社とも面談をし、またもう片方の方と面談やら先輩社員との顔合わせやらを行っていき、最終的には最初に決意した会社とは違う会社を選択しました。

● カミングアウトをしない

これが自分の就活のすべてです。もし、自分があのままカミングアウトをしていくという決意をもち続けたのであれば、自分の就活はどうなっていたかわかりません。もしかしたら、もっと自分とマッチする会社をみつけられたかもしれないし、何も変わらなかったのかもしれません。

ただ、自分が伝えられることは、自分が経験をしてきたものでしかありません。この記録だけが、これを読んでくださっている方に自分がお伝えできるたったひとつの軌跡なのです。

自分は、「カミングアウトするかしないか」ということについて、本当に悩み続けていました。頭の中でずっとこのように考えていました。

「自分は手帳を取得していない、高校と大学で特別な支援を受けたというわけでもない、だから言う必要なんてどこにもない。しかし、それは卑怯だ。実際、ゼミをやめる決断をしたときに教授に発達障害

のカミングアウトをした。その過去があるのにそれを自ら否定するのは許されない行為だ。そもそも、発達障害は先天的なものであり自分ではどうすることもできないじゃないか、だからそれを伝えて合理的な配慮を求めることこそが大切であって、その行為を行わないなんて明らかな背信行為だ。だけど、実際今までの会社は全部伝えた瞬間に落ちている、そんなのどうしようもないじゃないか。それは、本当に発達障害のせいなのか、単に、お前の能力が足りないと思われているだけだろ。仮にカミングアウトを続けたとしてそれがなんになる、内定をもらうこと、それが一番重視することで、そのためにカミングアウトがじゃまなら、しないほうがいい。利己主義者。企業の立場になって考えろ、それでいいと思えるのはお前だけだ」。

　頭の中で肯定意見と否定する意見がわいては消え、わいては消え、ずっとぐるぐるして、最後に残ったものは、「自分の心はなんて言っているか」というものでした。そうして、決断しました。自分は、その心が下した決断に対して後悔はありません。
　それが、自分が伝えられる、就活にまつわるひとつの軌跡です。

インターンシップでは

　大学3年生の6月、次男は「あっ、やってしまった」と頭を抱えていました。就活のためのとても大切な大学のオリエンテーションがあることをすっかり忘れて、帰ってきてしまったのです。

　しかし、もう終わってしまったので、次男は気持ちを切り替えて自力で就活することにしました。3年生の後期から企業のインターンシップに行ったり、説明会に参加したりしました。

　そのときに行われたグループワークの話などを、次男から聞くのが私の楽しみでした。グループのリーダーとして立派にプレゼンした話などを聞きながら、「すごいねぇ、すばらしい！」と私はのんきに思っていました。

　結局、次男は発達障害であることをカミングアウトして、すべての会社の面接で落ちました。次男はさすがにかなり悩んだようです。そして、他の人の内定がほぼ決まっている4年生の7月ごろ、「私は発達障害であることをカミングアウトすることはやめました」と言いました。その結果、2社から採用の連絡をいただきました。

　次男は、採用通知をいただいてさすがに嬉しそうではありましたが、カミングアウトしたときと、しないときの差が激しく、複雑な思いがあったようです。

5章 コラム　そろそろ子育ても終わり

　こういう言い方はどうかと思いますが、私は次男の就活を興味津々で見守りました。なぜか心配という感情はほとんどありませんでした。
　ずっと思い続けていたこと。次男を採用した会社は次男を通して祝福を受けるだろうという確信に近い思い。その、ラッキーな会社はどこなのか？
　なんという親バカだろう、と思われるかもしれませんが、それが私の正直な気持ちでした。
　どんな仕事についても、次男と接するすべての人は次男のやさしさや清さから祝福を受ける。そんな思いでいました。
　もちろん、不採用のメールをもらい力を落としている次男を見るのは切なくはありましたが、心配より期待のほうがずっと上回っていました。
　そして、採用の知らせを受け安堵している次男を見ながら、そろそろ私の子育ても終わりだと少し寂しくもありました。

1部 コラム　逃げ癖

・様々なことから逃げ出してきた自分

「逃げ癖」と聞くと、「嫌なことがあったらすぐに逃げ出すのかな」「きっと根性がない奴なのだろう」「ずっと甘やかされてきた甘ちゃん」といったことが連想できると思います。しかし、自分はそれにプラスして「努力をしてこない人間」ということを入れて、ようやく自分がもつ「逃げ癖」というものが完成します。

改めて書いてみると、なんて奴なのだろうと自分自身でも思わずにはいられません。しかし、これが変えようのない事実なのですから、自分にはどうしようもないのです。

1部で記したことをふり返っていただければ、いかにして自分が様々なことから逃げてきたかが伝わったことでしょう。

小、中、高のすべてで不登校を経験し、勉強から逃れていた結果、中学生のころの成績はひどいものでした。このように不登校を経験し、成績が振るわなかった自分ではありますが、ふり返ってみると小中高とそれぞれ同じ「逃げ癖」から始まったものであるのは間違いありません。そして、それぞれ違った事情で不登校になっています。

学校から、友人から、勉強から、そして未来から、自分は逃げ続けてきました。しかし、最終的には大学を卒業するところまでいけたのです。

これを、自分の力なんて過信するつもりは一切ありません。常に周りの方の配慮のもと、ここまでやってこれたのです。

　何度でも書きます。自分の力だけでは決して届かないところに、たどり着くことができました。それも様々なことから逃げ続けてきた自分がです。

・スイカ割りの理屈

　そしてもうひとつ、これを読んでくださっている方に伝えたいことがあります。ただ、そのメッセージを伝える前に、みなさまにやってもらいたいことがあります。スイカ割りです。

　頭の中で誰かをイメージしてください。その人に目隠しをしてもらいましょう。そして、その目隠しをしている人に対してあらんかぎりのことばを使い、スイカへと導いてほしいのです。

　できましたでしょうか、その人は目隠しをして、前が見えない状態にもかかわらず、スイカを割れたでしょうか。もし、うまく割れたのであれば、そのスイカ割りの内容をふり返ってください。

　きっとあなたは、「何々をしちゃだめ」なんて一言も言わなかったと思います。あなたが口にしたことばはきっと、「右を向いて」だったり「前に進んで」だったりと、その人がゴールへと向かうことばだったのではないでしょうか。

　そしてもし、その人があなたの指示に対して拒否をしたとしても、きっとあなたはすぐに別のルートを探し出し、その人が一歩を踏み出せることばを送ることができると、自分は考えています。

自分は、スイカ割りの理屈が好きです。たとえどんな状況でも否定のことばではなく、常に肯定のことばのみで動いていく、そんな素敵な世界、自分が置かれていた状況はまさにこれなのです。

・未来への道は続いている

　目隠しして未来なんか見えず、それでも、一歩進んで止まって、また一歩を踏み出して、ときにはしゃがみこんでしまうこともありましたが、必ず次への道がありました。

　もうどうしようもないと思ったそのときでさえも、次へ進むことができたのです。自分が小学生のとき、中学生になるのが楽しみでした、中学生のとき、高校生になれるなんてかけらも思えなかったです。そして高校生のあるとき、大学生になれるなんて微塵も思えませんでした。ただ、それらはすべて違っていたのです。

　あのときの自分が間違えていたなんて思ってはいません、なぜならば、現状をどう分析してもそんな未来はそのときは、望めなかったからです。

　だからここで伝えたいのはただひとつ、「逃げ癖」があってどうしようもないと思っていた自分に対して、そしてこれを読んでくださっている方へ、「逃げた先にも、未来への道は続いています」。

1部 コラム 母の声を頼りに

　大学生だった次男はある日、リビングで目隠しをした自分を冷蔵庫のあるところまで導いてほしいと言いました。私は言われるままに、「前に3歩、歩いて」とか「右に2歩」とか言って、冷蔵庫に到達するように声をかけていました。ところが、次男はときどき「嫌です」と言うのです。すると私は、「では、左に1歩動いてください」と違う方法をとるのです。何度か「嫌です」と言われましたが、最後には冷蔵庫のところまで導くことができました。

　そのゲームのようなものが終わると次男は言いました。「私が嫌ですと言っても、お母様は私に文句を言うのではなく、違った方法でなんとか目的地に到達するように声をかけていました」、このことは、私の心に深く残りました。

　思い返せば、次男は幼い頃からたくさんの「嫌です」を私に言いました。

　「嫌です」と言いながら、あちこちにつまずき、それでも目的地に向かって歩いていました。

　そして、かすかに聞こえる「右に1歩」「前に3歩進んで」という声を、実は頼りにしていたのではないかと思うのです。

2部

11の解きあかし

- 6章　自分の世界
- 7章　気になる行動のわけ
- 8章　わかっているけどやめられない
- 9章　家族のこと

6章

自分の世界

次男には確かに次男の中の世界が、はっきりあることを感じていました。
それを崩したくないという意思も感じていました。
こだわりが強いと表現されることもあると思いますが、その世界をしっかり守っていることは、むしろ好ましいことのように思います。
この章は、次男の世界がどんなものか、どうしてそれを守ろうとしているかが書かれています。

1 同じ行動を
くり返す世界

● 同じ行動をつらぬくわけ

　昔から母によく叱られた出来事があります。いわく「リビングに荷物を置かないで」というものです。ありがたいことに自分には部屋が与えられていて、「自分の荷物や上着は、自分の部屋に収納しろ」という至極全うなことでした。しかし、昔からと書いているように、自分はこれをなかなか直さずにいました。

　理由は単純です。自分には、「家に帰ったらリビングに荷物を置くという習慣ができていた」からです。

　しかし、その理屈は通用しませんでした。家には、猫が暮らしていて、荷物を置いておくとおしっこをかけられるという事態が度々起きていたのです。そういった事情も相まって、母はこのことについてよく言及していたのですが、最終的に母が折れました。お客様がお見えになるときや、掃除のとき、母に言われて荷物を戻すことはありますが、今でも猫に気をつけながら家に帰ったら荷物をリビングのテーブルの上に置いています。

　さて、このような「荷物を同じ場所に置く」ということは、どうして起きたのか、自分なりに考えてみることにしました。実を言うと、「同じような行動をつらぬく」というのはよくしていることです。

たとえば、「電車に乗るときはいつも最後尾にいる」のが常ですし、食事の際には、「三角食べを良しとせず、一品ずつ完食」します。さらに言うと、どこかに出かけた際には、「靴箱やロッカーは同じ場所を使う」という状態です。

周囲から見れば奇妙に映るかもしれないこのこだわりじみたものは、どんな理由で成り立っているか。こと自分の原因だけでかまわないのであれば、答えはもう、みつけています。

これらの行為は、すべて自分がもっているあるひとつの願いから引き起こされているのです。

その願いとは、「自分が一番良いと思う形を成し遂げたい」というものです。

● 判断基準に外れた行為の居心地の悪さ

自分は優柔不断で、選択肢がたくさんあると選びにくいのです。そんな自分が、数多い選択肢が用意されているこの世界でやっていくためには、自分なりの判断基準をもつことが手っ取り早いのです。

そして、その判断基準となるのが、「その行為をはじめて行ったこと」になってきます。

つまり自分は、毎回同じような行動をくり返していますが、それは何も「最初からずっと、同じ行動をとろう」と決意したものではなく、毎回出される選択肢に対して、自分のもつ判断基準で決定しているに過ぎないのです。

そして、ときにその毎回くり返している行為とは別の行為をとったとき、何が起きるのかというと、判断基準から外れた行為に居心地の悪さと、ちょっとした不安を感じています。

食事のときに一品ずつ食べることに関しては、さらにシンプルです。「おいしく食べたい」、ただそれだけなのです。味が混ざっていない食事が好みで、自分にとって三角食べとは、わざわざ食事をまずくしている方法でしかないのです。だからこそ、味が混ざらないよう一品ずつ食べ、そこにおいしさを見出しているのです。

● 生活するために必要な判断基準

このように、周囲から奇妙に思われても、そこには自分なりの理由があります。毎回同じ行動をくり返すのは、毎回出される選択肢に対して「どれを選べばいいかを悩まなくてはならないという状態から脱却するためのもの」ですし、食事に関しては、「おいしく食べたい」だけなのです。

その自分が良しとする価値観の集合体、それを「自分の世界」と呼んでいます。それは、生活するための判断基準なのです。

小さなこだわり

　次男のバッグは、今もリビングの小さなテーブルの上に置かれています。次男の言うように、確かに私はあきらめたのだと思います。何度言っても、次男はのらりくらりと私の言うことを適当にかわし、バッグを部屋に持って行くことはなかったのです。持って行く気がないことは話していてわかりました。
　次男は、案外頑固なところがあり、決めたことはなかなか変えようとしません。なので、その程度のことは譲れることなので、「まっいいか」ということになります。
　食事の三角食べに関しては、私自身も１品ずつ食べきっていくので、なんの問題もありません。あえて言うなら、「なぜ三角食べが良いのかさっぱりわかりません」。そんなわけで、親子で１品づつ食べきっています。次男と電車に乗るときは、一緒に最後尾に行きます。

　次男のもっている小さなこだわりのほとんどが、私にとっては気にならないことです。それに合わせることもそんなに負担ではなく、むしろそれで次男が落ち着いて暮らせるならと、喜んで合わせることもあります。
　子どもたちには、それぞれ小さなこだわりがたくさんありますが、他の家族の迷惑にならないことであれば、家では許容されています。

2 物語の世界

● 物語の主人公に憧れをもって

　子どものころからずっと、物語を見るのが好きでした。読むのはだいたい漫画だったのですが、それでも熱くなるシーンでは興奮しながら見たものです。それくらい物語は、自分を引きつけ、そしてそこから離れられませんでした。

　好きなジャンルというのは特にありません。しかし、その物語に困難があると、よりいっそう引き込まれていくのです。この困難に対してどう乗り越えていくのか、どんな方法を使ったらこの窮地から抜け出せるのか、そういった困難に立ち向かう主人公はかっこ良く、また見ていて非常にわくわくしました。

　そしてわくわくしながら、いつも考えるのです。自分だったらどうするかということを。そして、考え出したらもう止まりません。勝利条件、手持ちの武器、逃げ出せるか否か、打つ手はあるのか、そんなことを考えながらも、物語は続いていきます。

　主人公は、勇敢です。自分の特技を活かし、作戦を立て、そして実行します。すると、不意にアクシデントが起こり作戦から外れてしまい、再びの窮地、さあどうする主人公、そんな物語が好きでした。

　だから、そこに憧れました。決して強いというわけではない主人公

が、知略縦横に振る舞い、ピンチを切り拓くその姿に、憧れをもっていました。

● 一歩を踏み出すために

自分という人間は、そこから始まっています。考えること、シミュレーションすること、いろんなことの原因を考えること、そして、その考えついたものすべてが、自分の力になっていました。

前提からして間違えていたこともあります。当てが外れて見当違いな結論に達することなんて珍しくありません。それでも、その考えついたものは、その積み重ねてきた者たちは、間違いだったとしても、違っていたとしても、自分が足を踏み出す一歩になっていたのです。

自分は、常に歩き続けてきた人間ではありません。何回も立ち止まり、後ろを向いて、歩みを止めた人間です。自分には、歩き続ける強い力なんかはありません。未来を見据えて、常に前を向いているような瞳もないのです。

自分にあるのはたったひとつだけ、「歩みを止めた足を、再び踏み出すための意味をみつけること」。それが、自分にできるすべてでした。

その意味を、ときには人が与えてくれました。話しを聞いてくれて、方法を考えてくれて、そこから意味をみつけたのです。ときには、ひとりで考えることもありました。ここからどうするか、次への道はあるのか、考えて、決断して、一歩を踏み出しました。

● 未来の自分は？

　自分は、「10年後に、あなたはどうなっていると思いますか？」という質問が苦手です。なぜなら、そんな遠い未来までシミュレーションはできないし、今現在のことで考えを巡らせないと、すぐに置いていかれてしまうからです。

　しかし、この質問を昔の自分にしていたのなら、答えは決まっていたでしょう。答えは、「絶望」です。

　現状がうまくいっていないのです。成長の見込みがまるで感じられないのです。だったらその先も決まっています。そう考えてきたのだから、そういった答えになるでしょう。

　そして、今の自分に同じ質問を投げかけるのであれば、未来を想像することなんてできはしませんが、それでも、今ならきっと「幸せに暮らしていると思います」と、そう言えるくらいに、幸せな道を歩んでいます。

物語から育った思考力

　私は、子どもたちの宿題には、あまりとんちゃくしませんでしたが、いつも絵本や子ども向けの本をリビングに置いていました。特に次男のお気に入りは、『かいけつゾロリ』だったので、図書館でみつけると喜んで借りてきました。

　次男は、いつのころからか自分が読んだ本の内容を話してくれるようになりました。語り聞かせてくれるので、私はその物語の世界に入り込むのです。

　次男も長男もおとなになってから、講演の中の質疑応答でどんな質問にも即答します。その考える力はどこからきたのか、という答えのひとつが、ここに書かれていると思います。自分の頭の中で自由に思い巡らす時間があったのだと思います。

　次男は、小、中、高校でそれぞれ不登校のときがありました。そのときは、特に自由に思い巡らす時間がたくさんあったのだと思います。学校に行っていたときでさえ、授業中に他の教科書を読んだり、好きなことを考えていたようでした。それが、良いことだとは言いませんが、次男が思考する隙間があったことは良いことでした。

　自閉症スペクトラムの人は、想像する力が弱いと言われます。しかし、そういう特性をもちながらも次男が物語を通して、楽しく思考を巡らせ、成長してきたこと。そして何より、自分の未来を肯定的に見ることができるようになったことを、嬉しく思います。

3 ゴロゴロの世界

● ゴロゴロは思考中

「余暇に何をしているのか?」と聞かれると、「家でゴロゴロしている」、正直この一言で終わってしまいます。しかし、これだけではしまらないので、そのゴロゴロしているときに、というよりは、普段四六時中思考していることをここで書きたいと思います。

しかし、その思考を話す前にひとつだけ伝えたいことがあります。それは、自分は考えることと行動することを同時に行うのが難しい人間、ということです。

自分は、昔からパニックを起こしやすいです。このパニックの条件はふたつあり、ひとつは「はやしたてられること」、ふたつ目は「予期せぬことが起こること」、他にもありますが、だいたいはこのふたつのことがトリガーとなり、パニックを引き起こしています。

では、ここでそれぞれのパニックの際、頭の中で何が起きているのかを解説しましょう。

ひとつ目の「はやしたてられる」という行為は、自分の思考を全部急がなくてはというものに塗り替えられ、結果、自分の判断基準がぐちゃぐちゃになって、目についたものを判断基準としてしまい正常な思考ができなくなるために発生している、と自分は考えています。

ふたつ目の「予期せぬことが起こる」ときは、自分の中で考えていた手順がいきなり崩され、これからの手順を頭の中で組み立てようとするのですが、手順が組み立てられずにどんどん状況が悪くなる中でずっと頭の中を「新しく手順を考えなきゃ」と空回りさせてしまい、行動が完全に止まってしまうのです。

　はやしたてられるということは、もうこの年になるとほとんど起こらないのですが、そうなったときには自分から周りに説明をしてやめてもらいます。

　予期せぬことが起こるというのは、もはや当たり前の日常です。なので予期せぬことが起きたときには、すぐに頭の中で「落ち着いて」と1回思考の空回りを止めます。一瞬何も考えない時間を作り、そのあとにすぐ新しい手順を模索するのではなく、元々あった手順に戻す方法はないか、もしくは、次に行うべき一手のみを考え実行するという手段を取り、なんとかパニックの対処をしてきました。

　しかしながら、対処はできても根本は変えることはできません。今でもパニックはわりと起きています。そして、この「予期せぬことが起きたときパニックをどうにかする」、これこそが自分が普段頭の中で思考していることなのです。

● 未来の日ごろの生活のためにシミュレーション

　自分は、だいたいのことに関して、1回目はついていくこと、行動することでいっぱいになってしまい、思考がまったくついていかず、理解が遅れることが常です。

　だからこそ、その時間が終わったあと、自分はそこでようやく思考を始めることができるのです。

　その思考の中で、ずっとシミュレーションをします。考えることは、自分が行動したらどんな変化があるか、対処するためには何をしなければならなかったか、一番優先すべきことはなんだったか、この思考で考えついたものが経験値となり、結果「予期せぬこと」をなくしていくのです。

　このように、自分はことが終わったあとに気づくことが多く、新しい出来事には本当に弱いです。しかし、その思考の果てに気づいたものを積み重ねていくことによって、少しずつ成長を実感できているのもまた事実です。

　そして、そのシミュレーションの中で役に立つのが、目に映るものすべてなのです。ゲームでもネットでも、その中には、どんなことが起きて、それがどんなことにつながったかというものがあり、参考にするにはもってこいのものでした。

　なので自分は、普段シミュレーションをしながら過ごしていて、ゴロゴロしているときも、何かヒントをみつけたらその出来事を思考の引き出しにしまい、それに近しいことが起きたとき、イモヅル式に別々の事柄をそれぞれ一緒に思い出し、日ごろの生活で活用することができているのです。

じゃませずにいて良かった

　次男は、家にいるときの大半は布団に入ってゲームをしています。布団に入ってゴロゴロして過ごしているのを、私は毎日見ています。あきれかえるほど動きません。家事のちょっとした手伝いはしてくれますが、それ以外は布団の中です。

　大学４年生の後期は、単位を取っていたので大学には行かないし、バイトもほとんどしない状態だったため、１日中ゴロゴロが、かなり続きました。ほとんど、引きこもり状態でした。

　正直言って、これを見ていたら「ちょっとは動きなさいよ」と言いたくなるのだろうと思いますが、私は次男のゴロゴロがあまり気になりませんでした。

　私も家にいるときは、かなりのんびり好きなように過ごします。食事の支度もせずに電話をしていたり、趣味のものを作っているときもありますが、ありがたいことに次男はそのことでほとんど文句を言いません。お互い、家にいる時間は好きに過ごすことを認め合っているのだと思います。

　そのゴロゴロタイムに、次男が色々と思考しているのだということは、これを読んで知りました。しかし、食事のときなどにいつも自分の思いついたことや発見、考えたことを話してくれるので、当然どこかで考えているわけです。それが、ゴロゴロタイムだったわけです。その大切な時間をじゃませずにいて良かったと、思っています。

6章コラム 私の世界

　ふり返ってみると、大変な子育てだったと思います。それでも自分で言うのもなんですが、悲壮感はなかったように感じます。
　なぜなら、私は私の楽しみを結構大切にしてきました。
　子どもが小さくても少しの時間をみつけては本を読み、小説の中に入り込んでその世界に浸りました。
　末っ子が幼稚園に入ったと同時に始めたトールペイントは今も続けています。
　美しいものを見るのが好きで、毎日何回も空を見上げます。朝日、青い空に浮かぶ白い雲、夕焼け、月……それを見るだけで幸せになるのです。
　花でリースを作ったり、パステルで絵を描いたり、猫を抱いたり、大好きなエッセンシャルオイルの香りに包まれています。
　どんなに辛いことがあっても、私は私の世界をもち続けていました。
　そして、子どもたちにもそれぞれの世界があり、それを、お互いにあまり干渉することなく、尊重してきたように思います。

7章

気になる行動のわけ

次男は小学生ごろから学校でも家でもときどき「だんまり」を通していました。学校では先生が困り、家では私をはじめ家族が困っていました。

この章では、なぜ次男が黙っていたのか、そしてその「だんまり」が通用しなくなった過程について書いています。また、目を合わせられないことや、表情が乏しいことについても触れています。

4

無言

● 無言という主張

　子どものころ、自分は無言になることが多かったです。その無言となる状況は、叱られたときや、腹を立てたとき、そのときは決まって無言をつらぬいてきました。

　そのせいか、それを見た両親やきょうだいはよく、「黙ってちゃわからない」と言っていました。

　しかしながら、当時の自分をふり返ってみると、その無言という状況に関しては自分なりの精一杯の抵抗だったのです。自分なりの表現なのです。そして、その行動によってずいぶんと楽をしてきたということも、告白しなければなりません。

　今から記すのは、自分がどうして無言という主張を選んできたか、そこにどんな意図があったのか、それをこれからふり返っていこうと思います。

　突然ですが、ここでいきなりこの文章が何も書かれなくなったら、これを読んでいるあなたはなんと思うでしょうか？　いきなりで戸惑うと思いますが、少しだけ考えてみてください。

　おそらく大半の人は、その「文章が途切れた原因」を考えるのではないでしょうか。それは、たとえば印刷ミスであったり、何かあぶり

出しで浮かぶあれかと思考したり、人によって結論は様々だと思いますが、「文章が途切れた原因を考える」のは、一致していると思います。

● 無言でいると周りが代弁者に

幼いころ、自分は些細なことですねることがよくありました。しかし、そのすねる理由は非常に自分勝手なもので、また共感されないような幼稚なものだったということは自覚していました。しかし、それでもすねるという行動は変わりません。では、今一度考えていただきたいことがあります。それは、無言になる理由についてです。

自分が幼少時代に無言になっていた理由は、「自分では説明できない感情だから」、または、「状況を代弁してもらえるから」です。

この無言をとった場合、「周囲の人が考えてくれる」のです。周囲の人は、無言になった「原因」を、現状を分析し考えるのです。そして、その人が原因と思われるものを自分に話したとき、自分はそれについて正しいか否かを考えるのではなく、ひたすらその話を吟味していました。

つまり、それを周りが知ったとき、共感を呼ぶか否かについてを考え、良いと思えばうなずき、だめと思えば首を横に振る、たったそれだけで、自分にとって都合のいい、周りの人が考えてくれた原因を手に入れることができたのです。

　本当に自分では説明できず、無言でいるしかない状況もありましたが、それでもやはり周囲に依存し、周りが代弁者になるというのは変わりませんでした。とんでもない所業ですが、それを行っていました。

　自分は口がうまくないのです。だから、それを伝えても意味がないのです。自分にとってそれが一番楽なのです。だから、周囲に甘んじていました。自分はそれが一番良い結論を導き出す方法だと思っていました。それゆえに、その行動を選び続けたのです。

● 自分の主張が通る会話術を目指して

　こうして自分は、周囲が味方してくれる状況では、この方法をとっていました。

　幼いころこの方法は、かなり猛威を振るっていたのですが、だんだんとなりをひそめていきました。それはそうです、おとなで不機嫌なとき無言をつらぬく人間なんか、とりあえず放っておくのが定石でしょう。周りがご機嫌伺いしてくれるのは、子どものときだけです。

　だからこそ、自分は都合のいい原因ではなく、納得してもらえるような会話術を求め、そこを目指しています。

　正直なかなかうまくはいっていないのですが、それを成し遂げれば、周囲に依存することなく自分の主張が通ると理解していますし、何よりそっちのほうがかっこいいからです。

無言からの脱却

　次男の「無言」では結構困っていました。小学生のときが一番ひどかったように思います。家だけではなく、学校でも無言になっていました。小学校の2年生のときに、学校で突然しゃべらなくなり、そして、涙をポロポロこぼします。先生は困って理由を尋ねますが、次男は何も答えずに泣いています。先生から連絡をいただき、家に帰ってから尋ねると、だいぶたってからようやく「前に住んでいた神戸の友だちを思い出して会えないのが悲しかった」と言いました。

　そのときには、黙って泣いていては、あなたがなんで泣いているのか先生はわからなくてとっても困るから、ちょっと落ち着いたら先生に泣いている理由を話すように伝えました。

　家でも黙ることが多かったので、次男は自分の思いを口に出して伝えることが難しいのだろうと思っていました。ですが、黙っていれば周りがかまってくれて、声をかけてくれたりすることが次男にとって都合が良かったというところまでは思いがいきませんでした。

　私がよく覚えているのは、高学年になったあたりから次男が黙ると長男は「黙ってんじゃねーよ！　話さなきゃわかんねーだろ！」と言い続けていたことです。

　次男は、色々な理由で無言を通すことができなくなりましたが、長男からの強いアタックは、次男の無言脱却に大きな貢献をしたように思います。

5 目が合わない

● それで何か困ったことがあるのか？

　自分は、子どものころから他人と目を合わせませんでした。別に目を合わせたくなくてしていたというよりは、人と接するときには自然と目を合わせていなかったのです。

　これは、ただひとつの例外もなく、知人友人はもちろんのこと、家族とすら目を合わせていませんでした。

　このように、人と目を合わせることなく成長してきましたが、それで「何か困ったことはあるか？」と問われると、正直困るようなことはありませんでした。

　それは、面と向かって話さなくてはならないということはそうそうなかったですし、自分は声が高く、たとえ目を合わせていなかったとしても、明るい声で良い印象をもってもらえることが大きかったのだと思います。

　さらに言えば、人の顔を見てこなかったがゆえに、人の感情の起伏を顔ではなく声色やしぐさ、そしてしゃべり方に注目することができ、相手の反応を知るということにも、何ひとつ不自由はなかったのです。

● 今後のことを思うと……

しかし、そんな生活を続けていくうちに、ついに指摘されてしまったことがあります。就職活動の時期でした。就活を始めたてのころ、ある面接官の方に、「目を合わせていないのって一発でわかるから、直しておいてね」と言われたのです。

この、至極全うな意見に対して少しだけ悩みました。目を合わせるということが、いきなりできるとは思えなかったからです。

しかし、今後のことを思うと、必要なことではあると理解をしているつもりですし、なんとかやってみようと考えました。

とりあえず、友人の顔を見るところから始めてみましたが、やはり、相手の顔を見ることは難しかったのです。

その理由はいくつかあります。ひとつは、適切なタイミングで見るということが大切だとわかったのですが、そのタイミングや見る時間がわかりにくかったこと、ふたつ目に相手の顔を見るときにはこわばった表情になり、好印象を与えられないこと、そして最後に、相手の顔を見るときには、自分の顔が見られているということを痛烈に感じ、気恥ずかしさで顔を向けられないということです。

最初にあげたふたつに関しては、なんとか経験を積むことで解消できると感じたのですが、三番目の顔を見られると感じる気恥ずかしさだけはどうしようもありませんでした。
　というのも、自分は決してルックスはいいほうではなく、もし人と接する際にはそれ以外の部分で勝負しなければと自覚しているのもあり、そのコンプレックスとはいかないまでも自分の顔を意識しないといけない瞬間というのは、非常にやりきれなかったのです。
　だからこそ、自分は人と目を合わせることに関して、ずっと手をあぐねていました。

● 楽しい1日を過ごした日に

　そのようにずっと人と目を合わせられない状態でいた自分ですが、2017年の3月、22歳のときに転機が訪れました。
　その日、自分は非常に楽しい1日を過ごし、幸せを胸いっぱいに感じていたのです。そうして家に帰り、1日の余韻を感じていると、ふと、「今なら人の目を見て話せるかもしれない」という気分になぜだかなったのです。その気分のおもむくまま、とりあえず母と会話して目を合わせてみると、何の問題もなく見れてしまったのです。
　「いける」、そう確信した自分は、すぐに行動に移しました。たとえば、買い物をするときには軽くレジの人と目を合わせてから会釈をしたり、友人とポーカーなどの顔を伺うことが問題のないゲームで顔をのぞいてみたり、人の顔を見るという行為を行っていきました。
　そのかいがあって、自分はだんだんと経験を積み重ねていき、今では自然に人の目を見て会話できるようになりました。

自然に目を見て

　次男が目を合わせないことは当然知っていましたが、私はそのことを次男にあまり言った覚えがありません。ただ、長男も目を合わせることが苦手で、長男は「相手の目と目の間あたりを見て話す」と言っていたので、それを次男に伝えたことはありました。
　しかし、次男は頑固なところがあり、そういうことを言ってもそれを試すことはないと承知していました。よく、夫は「本当に困れば、自分でなんとかする」と言っていたので、そうなのだろうと思っていました。
　次男は、夕飯のときにその日の出来事を話してくれます。ある日、「今ならお母様の目を見て話せます」そう言って、自然に目を見て話してくれました。素直に「本当に良かった」と思いました。
　就活や仕事をするときに、人の目を見て話せないということはかなりのハンディだと思っていました。
　だからと言って、人の目を見て話すように言ったところで、それは難しいだろうと思っていたのです。
　しかし、自分でそれが自然にできるようになったのですから、嬉しいことでした。「すべてのことにはときがある」ということばをしみじみと思い出しました。

6 何を考えているのか わからない

● その実体

　子どものころから高校生活最後のときぐらいまで、自分はよく「何を考えているかわからない」と言われていました。自分もそう言う彼らの考えは全然わからないので、当然といえば当然だと思うのですが、人によくそんなことを言われていました。

　正直な話、あまり親しくない人からはそう言われますが、親しくなればあまりそういったことを言われないので、問題視していなかったのですが、あるとき、このことについて自分なりに考えてみることにしました。お題は、「なぜ自分という人間がわかりにくいのか」です。

　思い返してみると自分は誰かと会話するときに、考え至った結論を話すことはありますが、逆に考えた過程を話すことがほとんどありませんでした。ゆえに、自分と会話する人は、話し合いをしたうえでの結論を得ることはなく、一方的に結論を押し付けられるというものだったのです。

　これは、「人と会話するときにはシミュレーションを行い、備えてから話す」という、人との会話についていくための知恵を使っていたからなのですが、完全に逆効果になっていました。

　そして、過程を話さないがゆえに、気持ちを伝えるということがほ

とんどなく、そこがますます拍車をかけていたと考えています。

さらに、人と目を合わせてこなかった弊害がここに現れます。自分はそれまで、自分の顔を意識しないで発言することができていたのですが、それは、表情筋をほとんど使ってこなかったことにつながるのです。端的に言えば無表情、喜怒哀楽が表情に出にくく、おそらくかなりわかりづらいものだったと推測できます。

まとめると、「無口なうえに、話す内容は突飛で、全然表情が変わらない人間」、それが自分なのです。こんな人間が、何を考えているのか理解しろと言うほうが無茶なものでしょう。そしてこれが、「何を考えているのかわからない」と言われていた実体です。

● 考えを伝えるには

自分はこれらの情報を頭に入れ、改善策を考えました。

最初に、「考えていることを伝える」、そこから取りかかりました。これは、自分が何かを発言するときに、結論から入るのではなく、一言「〇〇を踏まえたうえでの考えなんだけど」と、自分の頭の中でそのことを考えるきっかけとなったものを相手に伝え、そこから話すというものです。

自分は、ADHDであり、その特性のひとつに「考えがあっちこっちに飛ぶ」という癖があり、会話のときにいきなり関係のない話（自分の中ではつながっていること）をして、相手を振り回すことが度々ありました。しかし、考えのきっかけを話すことによって、相手に道筋を伝えたうえで会話をすることができ、また、過程を少し話すということもクリアし、考えを伝えることは成し遂げられました。

● 感情を声に乗せる

　次に、表情を豊かにすることに取りかかったのですが、これはあまりうまくいきませんでした。
　そこで自分はことばだけでより伝わりやすい方法を探し、当時はやっていた若者ことばに着目しました。そのことばたちは、同じ怒るという感情だけでも様々な種類があり、気持ちに合わせたことばづかいを選ぶことが可能なのです。
　他にも、若者ことばは個性豊かに感情を表すことばが多く、それらを参考にして、感情を声にするということを心がけました。
　その場に適したことばづかいで、なぜそんな感情になったか、またその感情の触れ幅がどれくらいのものなのか、この感情をたとえられる熟語はあるか、といったことを意識し、それを声に乗せました。これがうまくはまり、自分が人と目を合わせられるようになるまでは、この方法で人とのコミュニケーションをとってきました。
　こうして、一つひとつ自分のもっていることを、自分なりの方法で伝えることによって、なんとか伝える術を獲得できた自分は、「何を考えているのかわからない」と言われることが少なくなりました。

食卓で話すこと

　次男は、確かに無表情です。私はそれに慣れてしまっているので、たまに次男が大声で笑っているのを見ると、ちょっと驚きます。

　就活をしているときだったと思いますが、次男に「お母様、私が無表情のときは教えてください」と言われました。「うん。いいけど、あなたはほとんどが無表情だよ」と言ったのを覚えています。

　きっと、このときに、感情が表情に出るように心がけていたのだと思います。少なくとも、次男がそのことを努力しようとしているのだとわかりました。

　何を考えているのかわからないということに関しては、家では食事のときなどに次男はよく話すので、次男のその日の出来事や、自分の考えていることから、今はこういうことを考えているのだなということがわかります。

　結論だけ話すのではなく、そこに思い至った経緯も話してくれます。本人は自覚しているかどうかはわかりませんが、毎日、食事のとき、食後などに私とゆっくり話す習慣は、家以外で、人に説明したり、思いを伝えたりするうえで、助けになっていたのではないかと思っています。

101

7章 コラム 私の気になる行動

　私は子どものころ、かなり変わった子でした。もちろん、その内容のほとんどは母から聞いたものです。

　3歳くらいのときに、ひとりで寝たいと言ってひとりの部屋で寝るようになったり、小学校に上がるときに母に向かって「これから学校のことで、私に指図をしないで」と言ったりしたそうです。

　母が参観日に学校に行ってみると、私だけずっと外を見ているので、なんで外を見ていたのか聞いてみると私は「先生が嫌いだから」と答えたというのです。我ながらあきれましたが、そんなときも、母は私を叱らなかったようです。

　私は、正義感が強く、おまけに怖いもの知らずのところがあり、おとなに向かって、「おかしい」とか「間違っている」と平気で言うような子どもでした。

　ふつうだったら、怒られてもおかしくないと思うのですが、母はいつも「あなたは間違っていない」と言ってくれました。

　私の行動は、気になる行動だらけだったと思うのですが、母がおおらかに見守ってくれたことはありがたいことでした。

8章

わかっているけど やめられない

次男は幼いころ、きょうだいの中で一番いたずらが激しく、思春期あたりからは、ギリギリになるまで行動しない、そのうえ、あまり人の言うことを聞かない頑固さがあり、それなりに私も困っていました。

この章では、次男がなぜ親が困るような行動をとっていたのか、また、なぜギリギリになるまで行動しないのか、そして、それを克服するきっかけはなんだったのかということについて書いています。

7 ギリギリの行動

● どうしてもできない、そう思っていた

ADHDの特徴に、「追い込まれないと行動しない」というのがあるらしいです。これに関して自分は、身をもって体験しています。

幼いころから、宿題や提出物、なすべきことなど、過去の経験と照らし合わせると、自分はどうしてもギリギリにならないと行動に移れない、そう思っていました。

今はもうギリギリにならないと行えない、ということはありません。ここでは、そこに関するエピソードを少しだけお伝えします。

高校時代に、大好きだった倫理の授業では毎回のように宿題がありました。この授業が好きな自分は、毎回提出していたのですが、やる時間は授業が始まる鐘の鳴る寸前というのが常だったのです。

これは、自分なりに宿題をするには直前で行うのが一番やりやすいという気づきのもとで行っていたのですが、大学生になると、どうあがいても授業が始まる直前に行って提出できるようなレポートは存在しませんでした。であれば、方法を変えるしかありません。

しかし、授業が終わった放課後に集中してやろうと思っても、集中ができず成果を上げられませんでした。

そんなとき父から、仕事のときに行っている「集中する方法」を聞

く機会がありました。それは、「携帯電話のタイマーを45分間セットして、その時間は集中して仕事に取りかかる」というものでした。

　そんなことで集中力を上げられるなら苦労はしない、そう思いながら試しにやってみたのですが、これが驚くほどの効果をみせてくれました。タイマーをセットする、ただこれをするだけで作業に取りかかれるのです。

● 自分なりの方法を確立

　自分はそれまで、何か作業をしようと思っても、携帯をいじったり、ぐだぐだしていたりして、そもそも作業に取りかかれなかったのです。そして、「あと5分したら取りかかろう」「キリのいいところでやめて作業に取りかかろう」と思って頑張ってみても、必ず雑念が入り、そして再び携帯電話を手にしていたのです。

　しかし、タイマーをセットするという行為をすれば、それが起きませんでした。疑問をもった自分は、このことについて考えてみました。

　「終わりが見えないのは辛い」、これは多くの人に共感してもらえるのではないでしょうか。自分は、すべてのものにおいて何か区切りがほしく、先の見通しが立たないのは苦痛でしかないのです。

そして、これを宿題に当てはめるのであれば、区切りとなるのは終わったとき、もしくはここまでやろうと自分でつけた区切りを完走したときでしょう。もしうまく進めば短時間ですむかもしれませんが、困難な問題にあたったとしたらお手上げです。

　自分は、「どれくらい時間がかかるかな」と考えるのが苦手なのです。ゆえに宿題は終わりが見えず、そして終わりが見えない作業は集中できませんでした。

　しかし、タイマーで終わる時間をセットし、そしてその時間のみ集中すると考えることができるのであれば、区切りが明確になり、作業に取りかかれるのです。これが、タイマーをセットしたら集中できるメカニズムです。

　「タイマーは、自分でセットすること」。もし、他人がセットしてしまったとしたら、自分は作業ではなく、ひたすらにタイマーが終わる瞬間に注目してしまい、集中して作業に取りかかれないでしょう。

　タイマーを自分でセットし、そしてその時間は集中して行う、たったそれだけで、長年連れ添ってきたギリギリの行動を脱却することができたのです。

　今までギリギリでしか行動できなかったのは、ただ「スイッチが入らなかっただけ」。そう考えています。そして、そのスイッチを入れるやり方のひとつが、ギリギリになったとき、というだけだったのです。

　それ以来、「家ではスイッチが入らない」「他人が気になる場所はスイッチが入らないのであれば、それ以外のところで」といったように、自分のスイッチが入るところを探りながら、自分なりの作業にあたる方法を確立したのです。

タイマーの威力

　子どもが4人いるためか、いい加減なのか、私はここぞというときは気を抜かないようにしていましたが、その他はかなり放ったらかしだったと思います。たぶん、少なくともそれは次男にとっては良かったのだと、これを読んでいて思いました。

　本人が言うように、次男はギリギリにならないとやらないということをずっと続けていました。もちろん、多少声かけをすることはあったと思いますが、次男はそのことばに従うことはなかったので、言っても無駄と思って放っていました。

　もし、私が次男にギリギリにならないとやらないことをその都度いさめていたら、次男はやる気をますますなくして、自分でどうしたら良いかと考えることも、しなかったのではないかと思います。

　たまたま私は、夫が次男にタイマーの話をしているのを見ていました。夫はそんなふうに、ときどき次男に自分がやってみて良かったことを話していました。

　次男はそのとき、半信半疑という感じに見えましたが、試してみたところ思いのほか集中できたようで、興奮気味に話してくれました。

　また、そこも夫と同じで、家ではレポートや原稿がまったく書けないようで、大学の図書館かネットカフェで作業していました。どうしても家ではスイッチが入らないようです。今も次男はネットカフェの8時間パックで集中して原稿を書いています。

8

承認欲求

● 自己分析から

　自分は、「人に認められたいという欲求がある」。自己分析を行ったところ、そんな結果が出ました。

　小学生のとき、授業で自己分析を行ったのです。分析方法は、アルファベット5つのうち選ばれたものが性格を表しているというものだったと思います。自分の結果は確かNで、この性格は、「人にやさしい人間、周りを思いやる人間」という結果でした。さらに、「レストランなどのホスピタリティが求められる仕事が向いている」と言われたのをよく覚えています。

　最近になって別の自己分析を行ってみても、根っこの部分は変わらないらしく、同様の結果が出ました。そして、その結果が出る人間は、「周囲の人に認められたい欲求が高い」、これが冒頭です。

　こうしてあとから、自分の承認欲求が高いということを踏まえると、過去の自分が起こしてきた行動についても納得できる部分があります。ここでは、そのふり返りを書いていこうと思います。

● 暴れる理由

　幼いころ、自分はよく暴れていました。学校、道路、ところ構わず

暴れていたのです。そして、その理由としてあげられるのは、「自分の目についたものすべてが気になり、衝動的に飛び出す」こと、「こんなことをしたらどうなるんだろう」という知的好奇心を満たすために、それが周りに迷惑がかかるようなことでも行う、というものだったり、理由は様々でした。

　様々な理由のひとつに、こんな行動もありました。それは、「母は自分と周囲、どちらを選ぶか」というものです。

　これは、自分が母と一緒にいるとき、母がしていることが自分にとってつまらないと感じたならばそれを母に伝え、「そんなつまらないものより、自分を見て」というものでした。

　もし、母がそれを続けるのであれば、それは母が自分よりもそれを優先していることに他ならず、自分が悲しみを覚えただろうし、もし母がそれを止め、自分と向き合ってくれるのであれば、それは母が周囲よりも自分を選んだということになり、承認欲求が満たされた自分は、喜んだのだと思うのです。

正直、母が後者の行動をとるということは、そうなかったと思うのですが、今回の話の肝は、自分が承認欲求を満たすためには、母に自分と他の何かの中で、自分を選んでもらうという方法しか思い浮かばなかったことなのです。

　この理由としては、自分は基本的に母の愛情を感じとっていたのだと思います。だからこそ、ただ自分を見てもらうだけでは当たり前のこととなり、満たされないのです。

　しかし、何かと自分を選んでもらえば、それは紛れもなく自分をその比較したものよりも上と認識することができ、認められたと感じることができるのです。

● **自分が一番ではなかった**

　このように、幼いころ自分がもっていた承認欲求は、「比較することでしか得ることができない」というゆがんだものでした。しかしながら、あるときこの欲求が消えていったエピソードがあります。

　その日は、ごくふつうに家族団らんをしていたのですが、そんなとき、子どもたちで両親はだれが一番好きか、という話になったのです。何も知らない自分は、当然のように自分が選ばれると思っていたのですが、両親から返ってきた答えは、「夫婦がそれぞれ一番であり、子どもは二番、だからお前たちも将来一番となる伴侶をみつけなさい」。というものでした。

　哀れにも一番好きなのは自分だと思っていたので、この発言は衝撃的でした。それ以来、母から得られる承認欲求を満たすための行動はなくなっていったのです。

自分の一番を探せ

　これを読んで、なんとなく思い当たる節がありました。次男が２歳のとき、私は４番目の子どもの出産を控え、大きなお腹をしていました。夕方、次男をお風呂に入れ、お風呂から上がって体を拭いてあげるやいなや次男は逃げるのです。もちろん家中の鍵は閉めてあります。しかし、鍵など難なく開けて道路に飛び出して行きます。

　私は慌てて洋服を着て追いかけようとしますが、臨月に加え、腰が痛くて走ることなどできません。裸で嬉しそうに走る次男の後ろ姿に向かって「帰ってきてー」と叫ぶくらいのことしかできなかったのです。しかし、次男が本当に嬉しそうだったというのが強い印象で残っています。

　ある日、私は追いかけたり「帰ってきてー」というのをやめて、次男から見えないところで次男を見ていました。次男は、「あれっ？」という感じで立ち止まりました。そのあとは、トボトボと自分から家に帰ってきたのです。その日を境に、お風呂のあとに次男が逃亡することはなくなりました。

　「子どもの中でだれが一番好きか？」という問いかけのこともよく覚えています。子どもたちは、それぞれ自分が一番だと思っていたようで、目をキラキラさせていました。夫が言った「お前らの一番を探せ」ということばは、将来子どもたちが結婚するにあたり、大きな影響を及ぼしたように感じています。

9 頑固

● 集団行動から

　集団行動とは、何人かが集いそこで集った者たちで行動することですが、この集団行動を行うには、ルールが必要不可欠です。

　そのルールを乱し、そこからはみ出した存在には、しかるべき対応がなされます。自分が考えるその対応のひとつ目は、「せめて周りに影響が出ないように周囲から離す」というもの、そしてふたつ目は、「その振る舞いを直して、また集団に戻る」といったものです。

　自分は、わりとそのルールを逸脱していたほうだと考えています。そして、そんな自分がもつ考えは「集団にはいたいが、行動は改めたくない」というものです。すなわち、「周りのみんなと一緒にいたいけれど、自分のしたくないことはしない」というものでした。

　このような自分を一言で表すことばがあり、周囲の人は口をそろえて言っていました「頑固な奴」。

　自分は、人から何かアドバイスを受けたとき、それをしませんでした。事前のスケジュールと違うことが行われたのであれば、それに対して腹を立てました。

　そして自分は、このことについてわがままだと感じていませんでした。理由は、「人の意見で納得できないことはしなくてもいい」と考

えていたからです。そして、この「人からの意見に左右されない」ということに対して、ある種のアイデンティティをもっていました。

　だからこそ、自分はますます人から「頑固」と言われ続けていて、それでも自分に非はないと思っているので、「みんなと一緒にいたい」という思いは変わらなかったのです。

● 父のことばから

　そして、そんな思いを抱え続けていた高校1年生のある日に、事件は起こりました。母のことばに自分は非常に腹が立ち、母へ反論しました。すると母は、「じゃあもういい」と言いました。自分は、そのことばには納得できず、さらに詰問しようとしたそのとき、それを近くで聞いていた父が割って入ったのです。

　「お前さ、それをする目的はなんなんだ。たとえ今のお前の発言が正しかったとしても、今の状態を見てみろ。ママはこれからお前にどんな態度をとってくると思う、そりゃこれを受けていい関係になろうなんて思わないだろう。それって、お前にとっていいことなのか？」、そう父は言ったのです。

自分の価値観が、全部塗り替えられた瞬間でした。自分は今まで、「正しいか否か」というものさしでしか物事を見れなかったのです。しかし、ここで新たにその行動による周囲との関係、また、行動の目的という概念が誕生したのです。そして、それを知ってしまった自分は、人生が大きく変わりました。

● 「しょうがない」という感情

　正直な話、自分の好き勝手に過ごしたいという思いは変わってはいません。しかし、そこで新たに周囲の人との関係性を意識し始め、振る舞い方が変わってきました。そしてもうひとつ、変わったものがあります。変わったのは、「やりたくないこと」に対する考え方でした。

　ある日気づいたのです、重要なのは、「しょうがない」という感情であると。どうにかして物事を「しょうがない」ととらえることができれば、「自分のしたくないことはしない」という考えから脱却できるのです。

　そのために考え出されたのが、「もし成功すれば、自分はやらなくてすむというジャンケン」だったり、もしくは、「相手に何か対価となるものを求め、物事にあたる」というものです。

　どちらも困難な場合には、奥の手である「盛大なため息を大きく響かせる」ということによって、「しょうがない」という感情を引き出し行動することができるようになりました。

　これにより、自分の思考原理からくる頑固さについて、根本から変えるということはできませんでしたが、この頑固さと向き合うことによって、自分のやり方を大きく変えることに成功したのです。

ひとつの考えとして受け止めるように

　この本の中で私は何度となく次男のことを「頑固」と書いています。つまり、次男は人の意見をあまり聞きません。そして、自分の考えを曲げませんでした。

　「でした」と書いているのは、今では、比較的私の意見も参考として聞いてくれるようになったからです。

　発達障害の人のことを「頭が固い」と表現することがあります。人からのアドバイスなどをひとつの意見として一旦頭に入れて、それが自分にとって必要な考えであれば取り入れ、必要がなければ出せば良いのです。

　「頭が固い」というのは、そういう柔軟性に欠けるというようなことなのだと思います。まさに次男は、そんな感じでした。そのため、中学生のころはぶつかり合うことが多かったのです。

　しかし、やり取りをたまたま見ていた夫が言ったことで、その日を境に次男は大きく変わりました。

　今でも多少「頑固」なところはありますが、それでも、私の意見をひとつの考えとして受け止めてくれるようになりました。

私のやめられないこと

　私のやめられないことのひとつは、「親バカ」です。

　自称「親バカ推進委員会の会長」である私は、子どもたちが幼いころから親バカがやめられませんでした。見方によれば、みっともないことだったり、自慢していると思われたりすることだと思います。それがわかっていても、私の親バカぶりは増していくばかりです。

　私は思うのです。親が褒めなくて誰が褒めるのかと……自分の子どもの良いところや頑張っているところを人前で言うことは、悪いことではありません。

　むしろ良いことです。もちろん、本人にも言います。

　なので、私が親バカであることは子どもたちはよく知っています。「おふくろは親バカだから」とよく言われます。周りから親バカであることをどう見られるかはどうでも良いのです。

　子どものできないことや、足りないところに目を向けるより、その子の良いところやすばらしいことを知っていて、それをことばにするほうがずっと良いと私は思うのです。

9章

家族のこと

私には長年、聞きたいのに聞けないことがありました。それは、「次男は長男のことをどう思っているのか？」ということです。

幼いころから「トルネードケント」と言われていた長男のエネルギーをまともに近くで受けてきた次男は、長男のことをどう思っているのかということです。

この章では、次男が家族とのかかわりの中で何を学んだのか、そして、現在の長男に対する次男の思いを記しています。

10

家族とのかかわり

● 家族とのゲームから

　幼いころから、家族でゲームをして遊んでいました。それは、トランプだったり、ジェンガだったり、とかく自分は幼稚園くらいのころからゲームに興じていました。

　負けることのほうが多かった自分は、いつも悔しくて泣いていました。それでもゲームを続けていたのは、ひとえにゲームが優秀なコミュニケーションツールだと感じていたからだと思います。

　事実、ゲームの席は楽しかったです。笑ったり泣いたり、勝利したらお菓子などを優先的に選べたりするので、ゲームには真剣に取り組み、とても楽しかったのです。

　年を重ねるにつれて、だんだん勝ち方が見えてくることがあります。相手を観察し手持ちのカードと見比べて、勝負に出るか、相手の出方を待つか、どんなゲームでもその人の性格が色濃く出ていて、自分は好きでした。

　だんだん家族以外の人、友人とゲームする機会が増えてきたとき、気づいたことがありました。負けたり、負けそうになったとき、ゲームを放棄しようとする人がいるのです。これは、「本気で取り組むほうが恥ずかしい」という状況に場を変化させていくためだと推測しま

した。しかし、それではゲームは崩壊してしまいます。だからこそ、ゲームを成り立たせるためには、「自分が楽しむだけではない」ということを知りました。

● ゲームの楽しみ方は人それぞれ

そして、ゲームを楽しむうえで重要になってくるのが、「同じレベルで戦うこと」です。もしも、一方的にやられたり倒したりしても、それはそのゲームがもたらす楽しみ方ではないでしょう。

オンラインゲームでは、同じレベルとの勝負が成立しやすいのですが、現実で面と向かってのゲームとなると、同じレベルのみというのはなかなか難しいです。それでは、ゲームを成立させるために何が必要となってくるのでしょうか。

自分が出した結論は、個々人がもつ勝利条件を見抜き、それを満たしたとき、盛大に取りあげるということです。

ゲームというのは、何も全員が全員、「勝ち続ける」なんてことを目標にはしていません。むしろ人の中には、「相手を苦戦させたらそれだけで嬉しい」という人もいれば、自分のように「相手をびっくりさせること」をゲーム中で叶えたいという人だって存在します。

これは、レベルが違うからこそ起こる勝利条件の違いであり、またゲームを成立させるためになくてはならないものです。

　そして、全員が勝利条件を満たすためにゲームへと励み、もしそれを叶えて嬉しそうにする人を見かけたら、その人物が一心に打ち込んだ事柄を具体的に言及するだけで、ゲームは非常に楽しい場へと変化していきます。

　当然です、個々人がもつ勝利条件が満たされたとき、その達成感を周りが後押しするだけで、人はさらにやる気になり、場を明るく真剣なものに変化させていくのですから。

● 自分がゲームから学んだこと

　このゲームを成立させるためのすべは、何もゲームの中だけでのみ行うことではありません。日常の場面でも、人を賞賛するときにも当てはまるでしょう。

　自分は、このことについてゲームを通して経験することができたのですが、人によってはゲームから学ぶことなんてない、という人も存在するでしょう。この差がなぜできるかといえば、個々人の参考にできる事柄が違うからです。

　同じ意見でも、誰に言われたかで素直に聞けるか聞けないかの違いが出るのと同様に、参考にできるものはそれぞれ異なっていて、また、参考にするものはどんなものでも構わないのです。

　自分は、それらすべてをゲームから学んだのです。

家族のゲームで培われたもの

　わが家は子どもたちが小さいころから、1週間に1回家族でゲームをしたり、話し合ったり、ちょっとおいしいデザートを食べたりしていました。そのときに、トランプをしたり、小さい子でも参加できるゲームをしていました。

　結構、子どもたちは真剣でしたが、親も手を抜かず、しっかり勝とうとするため、負けると悔しくて泣く子もいました。今、思い出してもなんだか心があったかになる楽しい記憶です。

　私は、ただ楽しんでいただけですが、これを読んで次男がそんなふうに取り組んでいたのか？と驚きました。

　次男は、今でもお正月などにみんなが集まって、トランプなどをするときに、上手に盛り上げるのです。

　トランプのルールをみんながわかるように説明したり、勝った人を気持ちよく褒めたりします。そのため、そこにいる全員が楽しむことができます。

　これも、次男の才能のひとつだと思っていましたが、長年、家族でゲームをする中で培われたものなのかと感動しました。

11 きょうだい

● 虐げられたことで身についたもの

　自分は、幼いころから兄に虐げられてきました。兄に関することを思い出そうとすると、だいたい自分は悲哀な表情を浮かべているので、間違いないと思います。ただ、兄と接することで身についた技術がふたつありました。

　ひとつは、「気配を消すこと」です。家に帰るときなどに、存在を知られたら何が起こるのかわからないので、存在を悟られず過ごすため、自分はこの技術を磨いてきました。

　ふたつ目は、「場の空気を読む能力」です。これは、沸点が低い人がいる環境にいたため、何かが起きたとき「この発言はキレルぞ」といったことや「まだこれではキレない」という線引きを見極めるようになり、成長すると「会話がまずい方向に向かっている」ということを察知し、話題を変えるなどしてやり過ごせるようになりました。

● 兄への本気のパンチ

　そして、兄とのことを語るのであれば、ある思い出についてお伝えしたいです。自分が高校生になったころ、兄は自分を殴ることはなくなっていました。これは別に、兄が落ち着いたということではなく、

活動のメインが外に向かっていったということだと思います。

　しかし、自分にはある願いがありました。それは、「いつか兄を、ぶん殴りたい」というものです。もし、このまま虐げられた記憶をもったまま、ずっとやり返せないままでいたら、「将来必ず後悔することになる」そう思っていた自分は、最近やられていないことをいいことに、どんどん気を大きくしていきました。

　そしてある日、そのときが来ました。ただ立っていた自分を兄が蹴り飛ばしたのです。そのときばかりは、この理不尽極まりないその行いに対して自分は感謝しました。「ぶん殴るならば、今しかない」。母が兄を必死で止めました。当然、見過ごせるはずはないからでしょう。

　実際にケンカが始まってみると、自分はぼろぼろでした。髪をつかまれたり、蹴られたり、ビンタされながら説教じみたことを言われ、ほほが痛く、恐怖で全身の力が抜けていたのです。ですが、「ここでやり返さなければ、その機会は来ないかもしれない、ここだけは譲れない」と考えた自分は、うつむき、ビンタを食らいながら、一歩を踏み出しました。兄の顔に向かって殴りつけたのです。本気のパンチ、今までのすべてを込めたパンチ。正直、まったく効いていませんでした。

　そこで母がむりやり中断させ、自分は逃げ、ずっと泣いていました。

殴ったことへの罪悪感か、全然手応えがなかった情けなさか、これからも兄と生活するうえでとんでもないことをしたことへの恐怖など、全部がぐちゃぐちゃで泣けてしょうがなかったのです。

　その後、母との話し合いが終わったのか、兄は家に入り、風呂に向かいました。その途中に「風呂場へ来いよ」と言われ、自分はまた泣きました。そしてついに風呂場に向かい、兄と面と向かったとき、兄は「よく勇気を出したな」そう言ったのです。

　あとのことは、正直あんまり覚えてはいません。それを言われてまた泣きだして、涙と鼻水まみれの顔をきれいにしろと言われ、ハグをしました。覚えているのはそれくらいです。

　それから兄は、一度も自分に手をあげることはありませんでした。恐らく、認めてくれたのだと思います。

● 通過儀礼

　ずっと虐げられてきた過去を振り切り、恐怖の存在でしかなかった象徴を殴れたのです。その一撃は強くなくて、相手を打ち負かすことなんてできなくて、どれだけちっぽけなものであったとしても、自分がもつ過去の兄と決別することができた勇気の証なのです。

　自分は、このことを思い出すとき、この出来事に関して「通過儀礼」と名づけています。きっといつかはやらなくてはならなかったと思っています。そうしなければ自分は一生後悔していたかもしれません。「兄が恐怖の象徴」という関係は変わらなかったのかもしれないのです。

　しかし、それを乗り越えたことによってできた未来、それは、兄の結婚式で少し涙ぐみながら祝福できた自分という未来なのです。

長男の存在

　わが家で「トルネードケント」と呼んでいた長男は、激しいエネルギーで周りを巻き込み、特に弟たちにとって、かなりやっかいで、恐ろしい存在だったと思います。
　一緒にゲームをしていて負けそうになると弟を蹴飛ばす。「ラーメンを作れ！」と弟に命令しておきながら「遅い！」と言ってぶん殴る。
　その長男と一緒に暮らすことは、どんなに大変だったことでしょう。しかし、その生活の中から次男が色々なものを身につけていったことは、私もわかっていました。
　次男の気配を消す技術はたいしたもので、リビングの隅にこそっといて、そこに次男がいるとは思っていない私はびっくりして「お願いだから、気配を消すのはやめて」と何度も言いました。
　また、長男や夫と話しているときに、彼らがキレないように上手に話をそらしていることもよくわかっていました。それを見るときに、ちょっとだけ心が痛かったのを覚えています。
　しかしその反面、次男の身につけた力は、将来社会に出たときに役に立つだろうという思いもありました。

　もうひとつ、次男が通過儀礼と呼んでいる出来事は、私の中でも忘れられない出来事のひとつです。その日、長男の怒り方は尋常ではありませんでした。その対象は三男でした。

ところが、三男はそのとき家にいなかったので、運悪くその場にいた次男がとばっちりを受けました。
　いつもであれば、我慢して部屋に行くはずの次男が驚いたことに、怒りに震えている長男に向かって「表に出ろや」と言ったのです。そのことばを聞いて次男には何か覚悟のようなものがあることはわかりましたが、どうしても放っておくことはできませんでした。
　次男が先に外に出て、長男はその次男を追って外に出ようとしたのですが、私はその長男に後ろから抱きつきました。しかし、そんなもの長男にはなんでもなく、私を振り払い次男とケンカが始まりました。
　そんなときに電話が鳴り、私は仕方なく電話に出たものの直ぐに電話を切り外に出ました。その直後に次男は家に入りました。すべてが終わったあとに長男が言いました。
　「あいつ、たいしたもんだ。おれをぶん殴った」その長男の顔は穏やかで、そしてとても嬉しそうでした。長男と次男との関係はその日を境に変わりました。
　長男の結婚のとき、子どもが生まれたとき、その度に次男が長男の幸せを心から喜んでいるのがわかりました。あの日、確かに次男は大きなハードルを乗り越えたのです。

9章コラム 私の家族

　「堀内さんちのお子さんたちは、きょうだい仲が良かったですか？」と、ときどき聞かれます。残念ながら、どう見ても仲が良いとは言えません。長男が激しすぎて、弟たちはいつもひどい目にあっていましたし、気を使っていました。

　もちろん、小さいときは一緒に遊んでいたときもありましたが、楽しかったのかどうかはわかりません。しかし、次男が書いている通り、毎週決まって家族でトランプをしたり、何かゲームをしていました。子どもたちは負ければ泣いたり悔しがっていましたが、思い返すとたくさんの笑いがありました。

　毎週、家族が集まって、ひとつのことをする。それをずっとやり続けてきたことで、何が築かれたのかはわかりませんが、私にとっては、温かい良い思い出です。

　おとなになってから、まるで罪滅ぼしのように弟たちのことを気にかける長男を見ていると、「やっぱり、きょうだいっていいなぁ」と私は思うのです。

2部 コラム 自分の未来を信じて

・ 自分のスタートラインは「保留」

　どうしようもない、どうしようもないのです。どんなに頭の中でシミュレーションしてみてもいい展望は思い浮かびません。どんなにリラックスしてみても、心がまったく落ち着きません。現状をどんなに分析してみても、できるなんて思えませんでした。

　自分は、何かはじめてのことを行うときには、常にそんな考えが頭の中に浮かんでいます。はじめての面接、はじめての作業、はじめての場所など、この世の中に「はじめてのこと」というのは本当にあふれすぎています。

　その度に自分は、どんなことをしてみても「大丈夫だから挑戦しよう」なんて思えないのです。そして自分は、「失敗するとしか思えないことを行う」というのが怖いのです。

　フラッシュバック、他の人にかけた迷惑がよみがえってきます。だから自分は、失敗することが本当に怖いです。その失敗が一生フラッシュバックとしてついて回ると考えると、絶対に失敗なんかしたくはないのです。

　一歩を踏み出すことができません。踏み出したその道は、破滅にしか繋がっていない、だったら方法は「保留」、次のチャンスを待つしかないのです。「できると思えたそのときに、大丈夫だと感じられた

その瞬間にだけ、一歩を踏み出せば良い」「そう考えるこの思考回路だって、きっと正しい、間違いなわけがない、なぜならリスクを回避するのは当然の行動で、だからこそ保留は正しい選択なのだ」。

　この状態が、自分のスタートラインです。この思考回路に関しては、少なくとも自分の中では正しいのです。正しいからこそ、否定はできません。できない自分が確かに存在していて、一歩を踏み出すことができない現状をどうしたら解決できるのか、わかりませんでした。

- 選んだ選択肢は、未来の自分に「丸投げ」

　色々なことを試してみました。ポジティブシンキングは、意味がなかったです。できることに着目しようとしても、自身のだめなところはどうしても無視できませんでした。

　次に、勇気を出そうとしてみても、最初のたった一歩が踏み出せなかったのです。勇気をふりしぼることができませんでした。何か自信につながる経験なんて思いつきません。あったとしても、それ以上に失敗が怖かったのです。だから自分は、どんなに考えても一歩を踏み出すことができなかったのです。

　そうして、最後に残された選択肢、それを自分は選びました。本来ならば許されないその行動は、逃げ癖をもっている自分にはお似合いの選択肢です。「丸投げする」。それが自分に一番合う最高の選択でした。

　その意味は、「これから行わなくてはならない困難を、未来の自分に丸投げしよう」というものです。

「面接を行わなくてはならないらしい、未来の自分に任せましょう」。「困難としか思えないことに直面します、未来の自分に放り投げちゃいましょう」。そうやって、全部未来の自分に任せたら、一歩を踏み出すことができたのです。

・一歩踏み出すことさえできれば

　未来の自分は、今の自分とは別人です。毎日脳細胞が破壊されるだとか、日々体の細胞は変化しているとか、理屈はなんでもいいのですが、とにかく未来の自分は別人で、だからこそ、現状を見てできるはずがないと思う事柄でも、未来では解決してくれるのです。

　今の自分がするべきことは、何かを調べたり用意したり、必要な準備だけをすればいいのです。それ以外は、丸投げする。それが自分のスタイルなのです。

　今の自分には、いい展望が思いつきません。そんなことはどうでも良いのです。心がリラックスできないです。そんなことは関係ありません。現状を分析しても、できるなんて思える状況じゃありません。その理屈は、未来には通用しないのです。

　未来で全部解決してくれるのなら、今の自分がするべきことなんて、たったのふたつだけです。未来の自分のために準備や場をセッティングするというお膳立てと、未来の自分を信じること、たったそれだけで、一歩を踏み出すことができるのです。

　その一歩を踏み出すことさえできれば、未来の自分はどんな状況や困難も、いつだって助けてくれました。

2部 コラム　子どもの未来を信じて

・本当によくやってこれたなぁ

　次男が3歳くらいのときだったと思います。次男と私のツーショットの写真をスタンプにしてもらったことがあります。次男は、それがお気に入りであらゆるところにスタンプを押していました。借りているお宅の床や柱に次男と私の笑顔のスタンプが並んでいました。

　何度怒っても、次男はスタンプを押し続けました。「なんてことをするの？」という思いもありましたが、次男がそのスタンプをよほど気に入ったのだろうと思うと、なんだか笑ってしまいました。

　あれから20年以上の月日が流れました。

　次男の多動といたずらにも困っていましたが、それ以上に次男はきょうだいの中で、喘息もアトピー性皮膚炎も一番ひどかったので、どちらかと言うとそちらの対応のほうが大変だったように思います。もちろん、きょうだい4人共アトピーも喘息もありましたので、大変さは4倍です。

　学校に行くようになると、不登校の問題も出てきました。4人の誰かしらが不登校だったり、不登校気味でした。ですから、学校に行っているだけでありがたいという思いもありました。

そのころから長男のこだわりの強さや頻繁に起こすパニック、そして衝動の強さゆえの事故の多さ。今思い返しても、本当によくやってこれたなぁと思います。

・**希望は失望に終わらない**

　そんな毎日の中で、私は子どもの将来のことをどう思っていたのでしょう。正直に言えば、なかなかそこまで思いがいかなかったというのが本当のところだったように思います。

　ただ、子どもたちが中学生くらいになると、その先が気になります。高校には行けるのだろうか？　その前に高校に行く気があるのだろうか？　そして、学校に行っていなかったり、成績がひどく悪かったりという状況です。長男などは中学3年間オール1を通しました。客観的に見るとかなり悲惨な状態だったと思います。

　しかし、毎日何かしら大変な出来事があり、その対応に追われる中でゆっくり考える暇もなかったのは、かえって良かったのだと思います。

　学校に行かず、毎日ゴロゴロしながらマンガ本を読んでいる長男に「こんなことをしていて、この先どうするの」と毎日のように言い続けたり、学校に行けず苦しい思いをしていた次男に「いつ、学校に行くの？」と聞いても質問された本人は、ただイライラしたり、辛い思いをするだけだったと思います。もちろん、私もときにはそういう質問をしました。

　しかし、このような質問は自分の不安を取り除きたかったり、なん

とか安心したくてしてしまう質問なので、本人のためにはまったくなっていません。

　私も不安がまったくなかったわけではありませんが、その反面、きっとなんとかなるだろうという、根拠のない思いもありました。

　どちらかというとそういう思いに助けられながらやってきたように思います。

　脳は不安に思うと、不安の情報をどんどん集め、大丈夫とか、できると思うと、そういう情報を集めるのだそうです。次男は大学生のときによく言ったものです。

　「お母さま、期待していてください。期待や希望がなかったら、それは叶えられないのです。ですから、期待して良いんです」

　そのことばを聞くと、私の心は明るくなりました。

　「期待が応えられなかったらどうしよう」と思いながら子どもに接するのと、「きっと子どもの未来は明るい」と信じながら接するのでは、将来大きな違いが生まれるでしょう。

　あなたが抱いた希望は、失望に終わらないのです。

終章

発達障害の自分が 未来をみつけるまで

　自分がこの本を書くにあたって伝えたかったこと、「自分が人生を歩むとき大切だと感じたものは何か」、自分が書きたいことはただそれだけなのです。

　そして、それを伝えるために、自分という人間がどのような人生を歩んできたかを書いてきました。しかし、それだけで自分を表すことは到底できないでしょう、致命的に足りない部分があるからです。足りない部分とは、「行動原理」についてです。簡単に言ってしまうと、「将来の夢」です。

　将来、どのような人間になってどのようなことをしたかったのか、なりたい人物像とはどんなものだったのか、これを書き記していくことが終章の役割です。

・世界の変化

　幼少期、そのとき自分がどんな人間だったか、一言で言うと傍若無人で我田引水を地でいくような子どもでした。ただただ、自分の思うがままに行動していました。

　ワンパク小僧だった自分は、友だちと好きに遊んでとても楽しかったのです。そして、楽しかったからこそ、自分はそのように好き勝手に遊んでいることを良しとしていました。

　そんな楽しく過ごしていた自分にとって、楽しくない時間がひとつだけありました。それは、自分の両親はクリスチャンなので、毎週日曜日に教会に通わなくてはならないというものです。教会に通うのは、生まれたころからの習慣でしたが、大きくなるにつれて、自分は通うことに対して面倒だと感じるようになりました。

　教会では、床に寝転びながら時間が過ぎるのを待っていたり、礼拝という厳かな時間にじっとしていることができず、うずうずしてときにはそれを発散するような行動をとっていたりと、とにかく幼い自分にとってただただ苦痛で、嫌な場所でしかありませんでした。

　しかし、教会で自分の人生を変えてしまう出会いがありました。その日、自分はいつものように床に寝転び、退屈に思いながら過ごしていました。床に寝転んでいるような自分に対して、「僕の助手になってくれないか」と声をかける人がいたのです。少しだけ驚いたあと、自分は了承しました。そうして、毎週日曜日にその人が子どもたちに教えるときの助手を引き受けることになったのです。

その人は、自分に対して期待をしてくれたのです。そのことが本当に誇らしく、幼いながらその期待に応えたいという思いが生まれました。

　助手の仕事は、楽しいことでしかありませんでした。指示されないときには待機し、じっとしていることもありましたが、何ひとつ問題はありませんでした。それくらい、助手という役割が嬉しかったのです。

　自分にとってその人は、憧れそのものです。彼の話す口調や仕草、そして穏やかなあの笑顔に幼いながら自分はこうなりたいと思ったのです。その思いは、ワンパクだった人間が、180度変わってしまうほどに、鮮烈でした。

　その人は必ず、教える時間が終わったあとに自分に対しごほうびと称し、お菓子をくれました。今までは、おやつが出るときょうだいで必ずじゃんけんをし、勝利した人から選んでいくというサバイバルの中で暮らしていましたが、その環境から抜けだし、ただおいしいおやつを自分の中で完結できるのは、本当に喜ばしいことでした。

　そして、そんなおいしいおやつをほおばっていると、周りから自分よりも幼い子がやって来て、うらやましそうに見つめていることに気がつきました。自分は、その子たちにお菓子を少しあげました。すると必ず、「ありがとう」ということばがあり、自分の胸が温かいもので包まれました。

　自分はそれまで、世界には「自分とその他」というものしか存在していませんでした。自分の価値観は、「自分がどう思うか」、つまり「自

分が楽しいと思うか否か」でしか判断することができず、周りの人がどう思うかについて、考えてこなかったのです。

そんな自分が、お菓子をあげ、自分の分が減るにもかかわらず、周りの人の「ありがとう」ということばによって、幸せを感じたのです。そこで自分ははじめて、「自分とその他しかない世界」から、「自分とそれぞれ独立した人が集まってできる世界」へと変化したのです。

自分だけのことではなく、周りを意識することを理解しました。当然、見える景色が、考えなくてはならないことが、どんなふうに過ごしていくかが変わってきます。世界が変わり、視野がいきなり広くなった自分に起きたのは、心の底からくる終わることのない後悔でした。

・見失った存在価値から

今まで、自分がどれだけ人に迷惑をかけてきたのかが、わかってしまったのです。自分という存在がどれだけ人に悪影響を及ぼしてきたのかが、全部理解できてしまうのです。

その出来事が起きた小学校4、5年生のころから、自分はひたすらにそのことで頭がいっぱいになりました。フラッシュバック。目にうつったものすべてが引き金となっていました。

そしてそれらすべてが、されて嫌だったことではなく、「自分が人にしてしまった嫌なこと」なのですから、自分はそれから逃げることは許されませんでした。

中学に上がるころには、自分の価値がわからなくなっていました。

そんなときに、成績がひどいという事実に直面し、自分自身の存在価値を見失ってしまいました。

　そこからの自分は、先生、友人、両親、そのすべての人に対して敬語を使い始めるようになりました。理由は、アイデンティティを手に入れるためです。「周囲から見てやさしい人に見えれば、自分にも価値が生まれる」、そう考えたのです。

　結果として、気持ちが楽になりました。つたないものではありましたが、敬語を使って話すと、回りから好印象をもたれたのです。そして、そのことばを使う人間にふさわしい人物になるべく、理性的な人間というのを意識しました。ここから、自分は「正義であるか否か」を重要視するようになります。

　そのあと、集団に属したくてバスケットボール部に入ったり、不登校になったりなどの出来事が起こり、自分は高校生になりました。

　高校に上がったとき、自分は何もかもうまくいきませんでした。敬語を使っても、正義であろうとしても、周りの人からうとまれていったのです。そして、不登校になっていたそのとき、自分に起きたのはフラッシュバックの再来でした。

　中学生で少し落ち着いたにもかかわらず、高校生になり、また始まったのです。そして、自分はその過去の自分と向き合うことが恐ろしくて、フラッシュバックから逃げました。

　逃げる方法のひとつは、中学時代に行ったことの延長線です。そのときの自分は、どうにかして「自分には価値がある」と思いたくて、善人になろうとしていました。

落ちているゴミは見かける度に拾い、周囲から見て奇異に思われるようなことだったとしても、罪悪感から逃れるために行っていました。
　そしてもうひとつは、フラッシュバックが始まると飴玉をなめ、「飴玉をなめるとフラッシュバックは収まる」という自己暗示を意図的に作るというものでした。
　飴玉をなめることによって血糖値が高くなるだとか、味に集中することで雑念が入る余地をなくすだとか、理屈は正直なんでも良かったのですが、とかく自分がフラッシュバックを収めるためのスイッチとして、飴玉はかなりの効力を上げました。ひどかった時期には飴玉を常に携帯し、フラッシュバックが始まるとすぐに食べて解消するということをしました。
　そこからだんだんとコントロールすることができ、自分はフラッシュバックを克服したと思っています。

・価値のなかったはずの自分が

　しかし、試行錯誤していた当時の自分は、本当に辛かったです。
　現状が何ひとつうまくいっていないにもかかわらず、過去の罪悪感にもさいなまれ、自分という人間がいよいよ価値がなくなった瞬間であり、また「すべての人は自分よりもすばらしい」ということを思ったときでした。
　現在過去未来、すべてにおいて希望がなく、だからこそ家出をしたのですが、そこから再び自分は戻るという道を選びました。

このとき自分は、「生きていくためにアイデンティティを手に入れなければ」と考え、アルバイトを始めました。

　郵便局で年賀状を仕分ける作業で、自分にできるかどうか不安でしょうがなく、やっていけるか本当に怖かったです。しかし、その思いとは裏腹に、人生初のアルバイトは順調そのものでした。

　そしてアルバイトの最終日、一緒に働いていた正社員の方から、はじめて業務以外のことを言われました。「君、すごく正確で作業も早いから助かったよ。良かったら来年もまた応募してくれないかな」。

　そんな評価をもらえるなんてまったく思ってもいませんでした。だからその誘いにとても驚いたのですが、ふたつ返事で了承しました。

　価値がなかったはずの自分が、人に認めてもらうことができたのです。本当に心から嬉しかった、それを今でも覚えています。そして、自分はそんな約束を胸にしながら、新しい高校に編入しました。

・目指すべき未来

　新しい高校では、学校、友人、勉強と自分に合ったスタイルを獲得し、成績も伸びていきました。そして、自分を語るうえでなくてはならないある先生との出会いがありました。

　その先生は、無口で生徒にはすぐに注意し、また自己紹介のときには「協調性がないとよく言われていた」と、小学生のころのお話しをしていた倫理の先生でした。自分にとってその先生は好ましい存在でした。なぜなら、授業がとても面白かったからです。

正直な話、その先生は決して生徒から人気のある先生ではありませんでした。それが何を意味するかというと、授業で起こるすべての事柄が、先生が「人から評価されたくてやっているということではない」ということです。
　その先生が行う授業には、何ひとつ他意がないのです。先生が自然体で授業をすると、あの授業が生まれる、ただそれだけなのです。ここまで自然体でいる先生を、はじめて見ました。
　自分はそのとき、ある理由で善人になろうと、いびつな行動をとっていました。それは、そうでもしないと自分に価値なんてないと思っていたからです。そんな自分にとってその先生は、どこまでも自然体で、自分にとって魅力的に見えたのです。
　そして、そう思っていたことが、確信に変わる出来事がありました。自分は卒業生ではなかったのですが、その年の卒業生に贈ったその先生のことばを見たとき、大きな衝撃がありました。
　「僕は、君たちに何か伝えられるほど立派な人間ではないので、尊敬する哲学者のことばを贈ります」そう書かれていたのです。そこに書かれた哲学者のことばは覚えていないのですが、その最初のことばに、自分は感銘を受けました。
　「あの先生は、どこまでも自然体だ。自分を卑下したり、謙遜してそんな表現を使ったわけではない。先生は自然と、他人を自分よりもすばらしいと考えられる人なのだ」。

自分はあるとき、善人でなければならないと思って行動していました。しかし、それは周りのためを思ってしている行動ではなく、自分が納得するための行動でしかありませんでした。

　そんな人間が、善人になれるわけもなく、自分にとってのアイデンティティはみつかっていませんでした。

　そんな自分が、先生から勇気と希望、目指すべき自然体の自分の未来をみつけたのです。

・憧れに

　最後に、自分が一番伝えたかったことを書き、この文章の結びとさせていただきます。

自分に甘い人間の意見なのですが、自分は今まで、「なりたいものに近づく」という考えだけは、ずっともっていました。当然、「考えるだけで行動しなかったら意味がない」のは、その通りだと自分も思っています。

　しかし、それでも「行動に移せないのであれば、そんな考えは捨てるべきだ」とは、自分は一切考えていません。

　「憧れをもつ」、それは、自分がみつけ出した一生にわたるうえで何よりもかけがえのないものです。ときには、その憧れから遠ざかってしまうような行動だってあるかもしれません。あるときには、何も行動できずただひたすらときが過ぎるのを待つこともありました。

　けれど、たとえそんなときであっても、自分の心にその憧れがあっ

て、未来へ道がつながっているのであれば、それは必ず意味が生まれます。道しるべになり、行動原理になるのです。

　ずっとずっともち続けたその先に、自分にとって、憧れは何よりも大切な宝物になりました。逃げ出したことなんて数え切れないほどあります。ただ、そのときであっても思いは捨てませんでした。

　自分という人間を知り、「憧れた人になるのは難しいのではないか」、そう考えたときであっても、この思いはもち続けていました。

　いくつもの出来事があって、何もかも投げ出したいときがあって、それでも今につながっています。
　だからこそ、ここで書き記したいことはただひとつ。

　「かけがえのない出会いがあって、そのときの思いをつなげていくこと、たったそれだけで、人生は大きく変わる」。

　それが、自分が体験してきた中で、一番伝えたかったことなのです。

責任転嫁 〜あとがきに代えて〜

・「他人が悪い」という結論

　幼いころから、自分にはひとつ得意なことがあります。「責任転嫁」です。それこそが、問題が起きたとき、自分の中で一番自然と行える解答方法でした。

　何かあったとき、起きた原因を考えると必ず他人の行動が目についてしまうのです。そしてそのまま、「あのときあんなことをされたから」「こんなこともしてくれないなんて、無責任にもほどがある」などと、思考が他人の行動にしかいかなくなってしまいます。

　それが始まったら、あとはもう他人の行動を最初からふり返り、少しでも目につくような行動があれば、勝手に頭の中で「あいつのせいで」という考えをどんどん補強していくことができるのです。

　こうして、自分は幼いころから何か原因を考えると必ず「他人が悪い」という結論にたどり着くことが常でした。

　ふり返ってみると、この思考回路ができる理由は、「思い込みの強さ」からくるのではないかと考えています。自分は無口なほうでしたし、物事を自分の中で完結させているというのはよく行っていました。だからこその責任転嫁です。

　幼い自分には、自分の失敗を受け入れる思考なんて存在しませんでした。何せ世界には、自分が楽しいと思うか否かしか、価値基準がなかったのですから。

「自分が楽しい思いをできないなんて、他人のせい以外ありえない」、この考えを正しいと本気で思っていました。どんなときであっても、「他人が行動を改めれば物事はうまくいく」と信じて疑いませんでした。なぜなら、問題の原因を考えたら、必ず他人の行動がかかわっているのですから。この考えをずっともっていました。

・自分で打ち消すことで

中学生になったとき、そのころが一番この傾向が強かったです。理由のひとつは、敬語を使い始めて理性的であろうと努力したこと、ふたつ目は、自分が傷つくのを恐れていた状態にあったこと、このふたつが合わさり、中学生時代が一番責任転嫁をしていたときでした。

このころのやり方は、「自分には一切責任がない」と言い張るのではなく、何か注意を受けたときに「あなたのあの行動がかかわっている可能性もありますよね」「自分だけに責任があるというのは納得いかない」と、何か意見を言われる度に反論しました。

こうして自分は、中学生時代に何にでも反論を探す作業をして、偏屈になっていったのです。

正直に言えば、自分は今でもこの「何か問題があれば他人のせいにする」という思考回路はもっています。どんなことでもです。どんなことにでも、自分は他人のせいにすることができます。少しでも考え始めたら自然とそうなるのです。

ですが、その責任転嫁してしまう考えを、今では打ち消すことができます。どんなときでも思いついてしまうその思考に対して、頭の中で反論して消すことができるのです。

そうすることができたのは、高校生時代に「すべての人は、自分よりもすばらしい」と考えたこと、そして自分にはふたりも「こんな人物になりたい」と本気で思えた人がいたこと。そして、「たとえ行動に移せなくても、その思いは捨てなくていい」と、思えたこと。そして、「清濁併せ呑むこその人間ではあるものの、濁っている部分は無理に肯定しなくていい、いつか濁っている部分がなくなっていけばいいな」と、そう考えついたことによって、自分なりの成長意欲を手に入れたこと。

　だから、自分は今、過去の原因だけではなく未来に思いをはせることができます。どんなことでも自分の問題として考え、他人のせいにしないからこそ、自身に起こるあらゆることが自分の成長として実感できるのです。そして、成長が実感できるから、自分は前を向くことができたのです。

・向き合い方をみつけ、目標を目指し、歩きたい

　結局、自分は子どものころから変わりませんでした。多動は今でももっていますし、逃げ癖だって変わりません。自分の頭の中で物事を完結させることなんてしょっちゅうです。そしてもちろん、責任転嫁できてしまう思考回路、それすらも自分は変えられませんでした。

　ただ、それら全部をひっくるめたうえで自分が手に入れた結論、それは否定ではありません、否定ではないのです。

　幼いころ、漫画型の参考書ではからずとも勉強していました。大学生になって、本を読みあさるという勉強方法が一番合っていたということに気がつきました。自分の頭の中で完結するその思考は、自分自

身で反論することができれば、より深く考えることができると気づいたときがありました。

　あの逃げ癖さえも、未来に放り投げれば新たな一歩を踏み出せるという、消極的な自分に対して一番頼りになる考えでした。

　責任転嫁できるその思考は、その視点を他人から自分に変えれば、他のどんな反省会にも負けない、自分自身のふり返りとなり、次への課題をみつけ多くの成長の機会をもたらしてくれました。

　できることは、あったのです。自分はできないことをできるようにする努力はできませんでした。しかし、できることを探して、できることだけを磨いていくということはできました。そして、自分は大きく成長できたのです。

　だから、改めてここで伝えたいことがあります。自分がここで記せることは、克服の方法なんかではなく、「向き合い方をみつけた」というただそれだけのことです。

　そして、自分に起きたすべてのことは自分に力をくれる大きな武器になり得ました。自分の武器をみつけることができたとき、憧れに向かって歩くことができたのです。

　そうして、自分にはわかったことがひとつあります。自分に合うやり方をみつけ、自分が目指していく目標があって、そこへ立ち止まるときがあっても、歩きたいと思えたこと、これが自分の24年間の積み重ねであって、今これを読んでいるあなたに伝えたい、自分だけが伝えられる、自分がみつけた未来です。

2019年2月 堀内拓人

あとがき

　4人の子どものうち2人が結婚し、あとの2人も就職しました。
　一緒に本を書いた次男は、自立にはもう少し時間がかかりそうですが、なかなか終わらないと思っていた子育ても、ほぼ終了という感じです。

　今回、次男と一緒に本を作ろうという思いは、突然わき起こりました。しかし、次男は自分の思いを文章にできるのか、わかりませんでした。ただ、次男の大学のレポートをときどき読ませてもらったときに、「面白い視点で書くなぁ」とか、「こういう考え方もあるのか」と楽しく読んでいました。
　次男に本を書くことを投げかけてみると、「やってみます。少し時間をください」という返事でした。
　しかし、しばらくして次男が書いた文章を読んだときに、「あー、あのとき、こういう思いだったのか」「そんなふうに乗り越えてきたのか」と、なんとも切なく、しかし温かい思いで満たされました。

　次男の生き方の中で、「未来の自分にたくす」ということがあります。「今の自分には難しくても、将来の自分にはできるかもしれない。それなら、今できることをして、その先は未来の自分に任せよう」まさ

しくそうやって次男は歩んできました。幼いころはきょうだいの中で一番多動で、思うより先に体が動き、事故だらけ。

思春期は、自分の主張を曲げず、私の話に耳を傾けることはあまりしませんでした。

高校を続けられないとわかったときの絶望感。大学の単位をなかなか取れないという不安。就職が決まらない焦り。

その一つひとつの次男の姿を、私はかたわらでずっと見守ってきました。親として、助けられることはしましたが、次男は自分の足で歩いていました。

くり返しますが、次男は次男の道をもがきながらも自分の足で歩いてきました。

それを近くで見ることができたことは幸せでした。これからも、次男は色々なことに遭遇することでしょう。しかし、私の中に不安は少しもないのです。むしろ、これからの次男の人生を思うとわくわくします。

不安も心配も恐れもなく、ひたすらに子どもの将来を、未来を楽しみにできたら、子どもは胸を張って自分の人生を切り拓いていくことでしょう。本当に困ったとき、辛いときに周りに助けを求めることができるように、親として愛し、信頼し応援できたらと思います。

子どもは、私が思うよりはるかに力があり、可能性があり、たくましいのです。心配することなどないのです。

ただただ、子どもの成長を楽しみ、子どもが幸せなおとなになることを想像し、日々、子どもに愛を注ぐ。

しんどいことがあったら、それは子どもが親の器を広げるために色々やってくれているんだなぁと感謝しながら試行錯誤する。成長させてもらっているなぁ、ありがたいなぁと……。
　そういう思いが、子育てをより豊かなものにしてくれるように感じます。
　この本をお読みになっている子育て真っ最中のみなさま、どうぞ一日、一日を楽しんでください。お母さんの楽しそうな姿を見て、子どもたちは安心して幸せなおとなになります。

　最後に、共にこの本を作ってくれた次男とぶどう社の市毛さやかさん。イラストを描いてくださった斎藤百合子さん。そして天国でずっと見守ってくださったぶどう社の市毛研一郎さんに心から感謝します。
　また、この本を心待ちにしてくださっていたみなさまの思いに支えられました。
　ありがとうございます。
　そして、このすばらしい子どもたちの父親として、立派にその責任を果たしてくれた夫にありがとう。

2019年2月　堀内祐子

堀内 拓人（ほりうち たくと）

1994年生まれ。東京都町田市在住。2014年よりＮＨＫハートフォーラムをきっかけに、母や兄と共に全国で講演を行っている。2018年大学を卒業。現在は就労支援員として働く。

堀内 祐子（ほりうち ゆうこ）

1956年生まれ。東京都町田市在住。4人の子（それぞれ発達障害の診断）の母親。自閉症スペクトラム支援士、特別支援士、傾聴心理士。任意団体「ゆるみ☆子育て」代表。 2005年より通信制大学の星槎大学で発達障害について学ぶ。2006年より全国各地で講演を行ったり、自宅でカウンセリングを行っている。現在、放デイでも働く。

著書：発達障害の子とハッピーに暮らすヒント（ぶどう社）
　　：発達障害の子が働くおとなになるヒント（ぶどう社）
　　：「発達障害なんてただのオプション」（Kindle）

● ホームページ：ゆるみ☆子育て
　（堀内祐子オフィシャルサイト）
　https://k-gifted.net/

● ブログ：堀内祐子オフィシャルブログ
　https://ameblo.jp/horihori-2015/

● LINE公式：発達障害子育て相談 ゆるみ☆子育て
　@yueumi

イラスト …… 斉藤 百合子

ADHDと自閉症スペクトラムの自分がみつけた未来
親子でふり返った誕生から就職まで

著　者　堀内 拓人 ＋ 堀内 祐子
初版印刷　2019年3月7日
3刷印刷　2024年11月7日

発行所　ぶどう社
　　　　編集／市毛 さやか
　　　　〒104-0052　東京都中央区月島4-21-6-609
　　　　TEL 03 (6204) 9966　FAX 03 (6204) 9983
　　　　ホームページ　http://www.budousha.co.jp
印刷・製本／モリモト印刷　用紙／中庄

堀内祐子さんの本

発達障害の子とハッピーに暮らすヒント
4人のわが子が教えてくれたこと

堀内祐子 + 柴田美恵子 著
本体1500円＋税

子どもたちが学校に入学すると、こだわり、パニック、不登校と、次々に問題が起きて、途方にくれました。この本には、悪戦苦闘の子育てのなかから生み出した、さまざまな知恵や工夫を、いっぱいご紹介しています。

発達障害の子が働くおとなになるヒント
子ども時代・思春期・おとなへ

堀内祐子 + 柴田美恵子 著
本体1500円＋税

この子たちは、どんなおとなになるのだろう？……と不安でした。4人のうち、長女、長男はすでに成人し、次男は大学生になり、三男は働いています。発達障害があっても、子どもたちは、学び、成長しています。この本では、わが家の経験をまとめてみました。

佐々木 正美 先生（児童精神科医・川崎医療福祉大学教授）

　これは、4人の発達障害のわが子を、みごとに育て上げてきた母親の手記です。私のような長年臨床や研究に努力をつづけてきたと自負している専門家の側からみても、現在の到達点としての理にかなった子育てが、実に適切になされてきたことがわかります。
　全体的なトーンは、子どもの弱点を気にしたり修正したりせずに、優れたところをしっかり励まして発達させてやろうというものです。そのために、一度に一つのことを、始まりと終わりを明確に、注目すべき点を明瞭に、予期しないことが起きないようになどに留意した、発達障害への共感と理解にあふれたアイディアが随所に散りばめられた"子育ての専門書"といえます。